Wilhelm Emmanuel Ketteler

Das allgemeine Concil und seine Bedeutung für unsere Zeit

Wilhelm Emmanuel Ketteler

Das allgemeine Concil und seine Bedeutung für unsere Zeit

ISBN/EAN: 9783744622646

Hergestellt in Europa, USA, Kanada, Australien, Japan

Cover: Foto ©ninafisch / pixelio.de

Weitere Bücher finden Sie auf **www.hansebooks.com**

Das

Allgemeine Concil

und

seine Bedeutung für unsere Zeit.

Von

Wilhelm Emmanuel,
Freiherrn von Ketteler,
Bischof von Mainz.

Quis est, qui vincit mundum? nisi qui credit, quuniam Jesus est Filius Dei.
1 Joan. 5, 5.

Mainz,
Verlag von Franz Kirchheim.
1869.

Inhalt.

Die bevorstehende allgemeine Kirchenversammlung ist ohne Zweifel das wichtigste Ereigniß unserer Zeit. Vielleicht können wir sie das größte Ereigniß dieses Jahrhunderts nennen, wenigstens unter den aufbauenden, da die andern mehr groß waren im Niederreißen.

Vor allem müssen wir in dieser Versammlung aller Bischöfe der Kirche ein Werk der göttlichen Vorsehung erkennen, welche die Kirche und die Welt zu ihrer Bestimmung leitet, und nicht ein bloßes Menschenwerk. Wer von dem Glauben erfüllt ist, daß der heilige Geist die Kirche Gottes regiert, kann darüber nicht zweifelhaft sein, daß so wichtige und tiefeingreifende Ereignisse im Leben der Kirche von ihm herkommen. Solche Fügungen der Vorsehung deuten aber darauf hin, daß ein wichtiger Wendepunkt, eine entscheidende Epoche in der Geschichte der Kirche Gottes und der Menschheit eingetreten ist.

Eine solche Zeit war das Zeitalter der Reformation. Auch damals wurde eine allgemeine Kirchenversammlung abgehalten. Es war eine Gnade, die Gott den Menschen anbot. Es ist unberechenbar, was sie gewirkt haben würde, wenn die Menschen sie im vollen Umfange benützt hätten; wenn alle Glieder der Kirche die Bestimmungen jener Kirchenversammlung über die wahre Reformation vollzogen, wenn alle von ihr getrennten Glieder die Entscheidungen dieser Versammlung über den wahren Glauben demüthig angenommen hätten; es ist das um so unberechenbarer, je größer und segensreicher auch jetzt schon die Wirkungen dieser Kirchenversammlung gewesen sind.

Eine solche wichtige, entscheidende Zeit in noch größerem Umfange wie jene, ist unser Zeitalter, das Zeitalter der Revolution, des Niederreißens, der allgemeinen Zerstörung des Guten wie des Bösen. Gott hat dieses Zerstörungswerk ohne Zweifel deßhalb zugelassen, weil mit dem Guten das Böse vielfach so verwachsen und verschlungen war, daß dieses ohne jenes nicht mehr zerstört werden konnte. Und in dieser Zeit versammelt nun der Geist Gottes, der die Kirche regiert, wieder wie vor dreihundert Jahren das allgemeine Concil, diesen höchsten Gerichtshof der Wahrheit auf Erden. Das Concil wird nichts Neues lehren. Es wird dasselbe aussprechen, was die Kirche Gottes seit achtzehnhundert Jahren der Menschheit verkündigt hat. Es wird ihr mit andern Worten wieder die eine Wahrheit zurufen, die jedes neue Jahrhundert bestätigen muß, daß nur in Christus und in seiner Kirche für das Menschengeschlecht Heil zu finden ist. So hat die Kirchenversammlung von Trient gesprochen und die großen Ereignisse in der Welt, die zwischen damals und jetzt liegen, sind nur neue Thatsachen und neue Belege für diese Wahrheit. So wird auch das künftige Concil der Welt zurufen, daß nur in Christus und seiner Kirche Heil ist. Ein großes Ereigniß, eine große Gnade! Vielleicht soll, da das Zeitalter der Zerstörung mit seinem Werke offenbar bald dem Ende sich zuneigt, nun wieder eine Zeit des Aufbauens auf dem alten, von Christus ein für allemal gelegten Fundamente beginnen. Möchte die Welt diese Gnade erkennen und benützen, möchte sie erkennen, was ihr wahrhaft zum Heile gereicht!

Dieses wichtige Ereigniß, welches uns bevorsteht, wollen wir zum Gegenstand einer näheren Betrachtung machen, um dessen Bedeutung richtig zu erkennen, um uns auf dasselbe vorzubereiten und unsere Pflichten ihm gegenüber zu erfüllen.

Ein allgemeines Concil ist eine Versammlung aller Bischöfe der Kirche, als Nachfolger der Apostel, unter dem Vorsitze des Papstes, als Nachfolger des heiligen Petrus, um über die wichtigsten Angelegenheiten der Kirche Gottes zu berathen. Es ist die feierlichste Art, wie die Kirche Gottes auf Erden das wichtigste ihrer Aemter, ihr Lehramt übt. Das dreifache Amt, welches Christus selbst auf Erden verwaltete, das Lehramt, das Priesteramt und das Hirtenamt, hat mit seinem Tode nicht aufgehört. Er übt es fort bis zum Ende der Tage in und durch die Kirche. Das Lehramt bildet aber gewissermaßen die Grundlage der andern Aemter, da wir diese nur durch jenes kennen lernen; und insofern ist es das Wichtigste. Durch das Lehramt wird der größte Schatz auf Erden, welchen Gott in den geoffenbarten Wahrheiten uns geschenkt hat, bewacht und bewahrt. Das ist das göttliche Depositum, von dem der Apostel redet, wenn er an Timotheus schreibt: „O Timotheus, bewahre das Hinterlegte, weise zurück die heillosen Wortneuerungen und Gegensätze der fälschlich sogenannten Wissenschaft, zu welchen einige sich bekennen und vom Glauben abgekommen sind [1].“ Aehnlich sagt er im zweiten Brief an denselben: „Was du gehört hast von mir durch viele Zeugen, dieß vertraue zuverlässigen Menschen an, welche tüchtig sein werden, auch Andere zu lehren [2].“ Diese Hinterlage göttlicher, geoffenbarter Wahrheiten soll das Lehramt auf Erden gegen die Angriffe jenes Geistes bewachen, den der Heiland „den Lügner“ und „den Vater der Lüge [3]“ nennt. Die feierlichste Handlung dieses heiligen Amtes ist aber der Ausspruch einer allgemeinen Kirchenversammlung.

Um aber die Bedeutung des kirchlichen Lehramtes mit dem göttlichen Auftrage, die geoffenbarten Wahrheiten rein und ungetrübt zu bewahren, richtig zu würdigen, müssen wir nothwendig etwas weiter greifen und das Bedürfniß der Offenbarung, die Unfähigkeit des menschlichen Geistes, ohne sie sein tiefstes Verlangen nach Wahrheit vollkommen zu befriedigen, ins Auge fassen und zugleich erwägen, wie ohne die Stiftung eines unfehlbaren Lehramtes eine geoffenbarte Wahrheit sich nicht unverfälscht auf Erden erhalten kann. Das Alles hängt innerlich zusammen und muß im Zusammenhange erwogen werden, um die Bedeutung eines solchen Vorganges in der Kirche richtig zu beurtheilen.

---

1) I. Tim. 6, 20 f. — 2) II. Tim. 2, 2. — 3) Joh. 8, 44.

I.

Was vermag die menschliche Vernunft aus sich selbst, aus ihrer eigenen Natur, nur ihren natürlichen Kräften und Fähigkeiten überlassen?

> „Es riß sich los ein Stein vom Berge, nicht durch Menschenhände, und er stieß an die Füße der Bild=
> säule . . . und zerschmetterte sie; . . . der Stein aber
> ward zu einem großen Berge und erfüllte die ganze
> Erde." Dan. 2, 34 f.

Mit dieser Frage müssen wir beginnen. In ihr liegt die Voraussetzung aller Offenbarung. Wer über sie unklar ist, kann weder den Grund der Offenbarung, noch auch die Bedeutung und Nothwendigkeit eines göttlichen Lehramtes begreifen.

Bezüglich dieser Frage ist der menschliche Geist in zwei ent= gegengesetzte Irrthümer verfallen, welche gleichverderblich geworden sind. Der eine dieser Irrthümer hat die Rechte der menschlichen Vernunft beeinträchtigt, der andere dagegen hat sie übertrieben. Die Kirche aber, indem sie beide Irrthümer vermeidet und uns dadurch vor den unseligen Folgen derselben bewahrt, gibt uns auch hier wie immer eine klare, bestimmte Antwort, die sowohl durch unser eigenes Bewußtsein als durch die ganze Geschichte der Menschheit bestätigt wird.

Jenen gegenüber, die das Recht der menschlichen Vernunft verkennen und beeinträchtigen, lehrt die Kirche, daß auch in dem jetzigen Zustande der Mensch ohne Hilfe der übernatürlichen Offenbarung und Gnade [1] im Stande sei, Wahrheiten, welche Gott

---

1) Wir bemerken ausdrücklich, daß wir unter der Offenbarung in dieser Abhandlung immer die übernatürliche Offenbarung verstehen; also nicht die natürliche Offenbarung, weder die in unserer Vernunft und unserem

und die Religion in der natürlichen Ordnung der Dinge be=
treffen, zu erkennen und deßgleichen sittlich gute Handlungen
zu vollbringen. Die Kirche ist also weit davon entfernt,
die Rechte der Vernunft auch in dem jetzigen, gefallenen Zustand des
Menschen zu verkümmern. Dieselbe Kirche, die so oft geschmäht
wird, als ob sie Dinge lehre, die der Vernunft entgegen sind,
hat vielmehr die Rechte der Vernunft den Irrlehren des sechs=
zehnten Jahrhunderts gegenüber vertheidigt.

Jenen gegenüber aber, die mit ebenso großem Unrechte die
Rechte der bloßen Vernunft und die natürlichen Fähigkeiten des
menschlichen Geistes übertrieben haben, lehrt die Kirche, daß wir
einer übernatürlichen Offenbarung und Gnade in doppelter Hin=
sicht bedürfen.

Erstens zur Erreichung unserer übernatürlichen Bestimmung.
Denn es ist eine Grundlehre des Christenthums, daß Gott den
Menschen zu einer über dessen blos natürliche Kraft erhabenen,
zu einer übernatürlichen Bestimmung erschaffen habe. Schon ver=
möge seiner vernünftigen Natur ist der Mensch ein Ebenbild
Gottes, dazu bestimmt, Gott zu erkennen und zu lieben; aber den
bloßen Kräften seiner Natur überlassen kann er Gott nur in einer
sehr unvollkommenen Weise erkennen und lieben. Der blos natür=
liche Mensch kann nämlich Gott nur aus den Geschöpfen erkennen,
indem er von der Größe und Schönheit der sichtbaren Geschöpfe
auf Gott, deren unsichtbaren Urheber, schließt. „Denn das Un=
sichtbare an ihm ist seit Erschaffung der Welt in den erschaffenen
Dingen erkennbar und sichtbar, nämlich seine ewige Kraft und
Gottheit, so daß sie (die ihn nicht erkennen) keine Entschuldig=
ung haben [1]." Allein diese Erkenntniß ist nur sehr un=
vollkommen; denn Gott ist hoch erhaben über alle seine Werke.
Und dasselbe, was von dieser blos natürlichen Erkenntniß Gottes,
gilt auch von der blos natürlichen Verehrung und Liebe Gottes.

_____

Gewissen, noch auch die äußere Offenbarung Gottes in der sichtbaren Welt,
sondern die Offenbarung des alten und neuen Bundes, wodurch sich Gott
in übernatürlicher Weise den Menschen kund gemacht hat. Unter über=
natürlicher Gnade, von der hier die Rede ist, verstehen wir aber alle jene
innern Gaben, welche Gott uns nach der Lehre des Christenthums um der
Verdienste Christi willen spendet, um unsern Geist zu erleuchten und unsern
Willen zum Guten tüchtig zu machen.
1) Röm. 1, 20.

Wohl erkennt schon die bloße Vernunft, daß wir dem großen und gütigen Urheber unseres Daseins Ehrfurcht, Dankbarkeit und Liebe schuldig und daß wir verpflichtet sind, das von unserem Schöpfer in unser Gewissen geschriebene Sittengesetz zu beobachten. Allein daß wir zu einer weit innigeren Gemeinschaft mit Gott berufen sind, als jene ist, die in der blos natürlichen Erkenntniß und Liebe Gottes besteht, das vermag die menschliche Vernunft aus sich selbst nicht zu erkennen und noch viel weniger vermag der Mensch aus eigener Kraft zu einer solchen übernatürlichen Lebensgemeinschaft mit Gott sich zu erheben. Dazu bedarf er einer übernatürlichen Offenbarung und einer übernatürlichen Gnade, durch welche Gott sich zum Menschen herabläßt und den Menschen zu sich erhebt. Und dieses ist es vor allem, was uns der Glaube lehrt. Er lehrt uns, daß die ewige und selige Anschauung und der Besitz Gottes die übernatürliche Bestimmung ist, wozu uns Gott aus übergroßer Liebe berufen hat; und daß wir, um diese unsere übernatürliche Bestimmung zu erkennen und zu erreichen, der göttlichen Offenbarung und Gnade unbedingt bedürfen.

Allein nicht nur aus diesem, allerdings ersten und vornehmsten Grunde ist die übernatürliche Offenbarung und Gnade dem Menschen nothwendig, sondern er bedarf derselben, wenigstens in seinem jetzigen Zustande, auch schon dazu, um nur jene natürliche Wahrheit, namentlich jene natürliche Gotteserkenntniß, welche schon zur natürlichen Entwickelung und Güte eines vernünftigen Geschöpfes gehört, vollständig und ohne Irrthum und Zweifel zu erlangen und zu bewahren, sowie das natürliche Sittengesetz vollständig und wie es sein soll, zu erfüllen. Und hierauf wollen wir zunächst unsere Aufmerksamkeit richten, da es den Verirrungen unserer Zeit gegenüber vor allem wichtig ist zu zeigen, daß ohne Hilfe der Gnade und Offenbarung die Menschheit nicht einmal ihre natürliche Würde zu bewahren im Stande ist. Es handelt sich also in dieser Untersuchung um die Frage, was die menschliche Vernunft lediglich innerhalb der Grenzen der natürlichen religiösen und sittlichen Wahrheit vermag, noch ganz abgesehen von den übernatürlichen und geheimnißvollen Wahrheiten des Christenthums.

In dieser Hinsicht lehrt also die Kirche, daß die menschliche Vernunft zwar natürliche Wahrheiten erkennen kann, daß sie aber in ihrem jetzigen Zustand nicht mehr ohne Beihilfe der Offenbarung und Gnade im Stande ist, auch nur die natürlichen Vernunftwahrheiten vollständig und ohne Beimischung vielfältiger Irrthümer und Zweifel zu erkennen. Diese Auffassung der Kirche tritt dem Vernunftstolze des Menschen entgegen und hängt zusammen mit ihrer Lehre von der Gebrechlichkeit der menschlichen Natur und ihrer in Folge des Sündenfalles eingetretenen Schwächung und Verderbniß. Zur Erklärung dieser Auffassung wollen wir die Worte des heiligen Thomas von Aquin anführen: „Im Zustand der gefallenen Natur ist das Vermögen des Menschen auch bezüglich dessen vermindert, was er an und für sich seiner Natur nach vermag, so daß er nicht mehr alles Natürlich-Gute durch seine natürliche Kraft vollbringen kann. Weil aber die menschliche Natur durch die Sünde nicht so gänzlich verdorben ist, daß sie dadurch alles Natürlich-Guten beraubt wäre, so vermag der Mensch auch im gefallenen Zustande durch die Kraft seiner Natur einzelnes Gute zu vollbringen, ... nicht aber alles Gute, das seiner Natur entspricht, ... wie auch der kranke Mensch noch im Stande ist, sich aus eigener Kraft zu bewegen, nicht aber alle Bewegungen ebenso wie ein gesunder Mensch vorzunehmen, bis er durch Hilfe eines Heilmittels wieder seine volle Gesundheit erlangt hat [1].“ Dieses Bild des heiligen Thomas ist sehr zutreffend und belehrend. Der Kranke hat die Erinnerung an seinen gesunden Zustand. Auch seine kranke Natur verlangt darnach, das zu thun und zu wirken, wozu er in der Gesundheit im Stande ist, aber er vermag es jetzt nicht, weil er krank ist, und er bedarf der Hilfe eines Heilmittels, um wieder das zu vermögen, was er früher aus sich allein vermochte. Ganz so ist es mit dem Menschen in seinem jetzigen Zustande. Er ist krank und hilfsbedürftig auch dem Geiste nach; und das ist die Verblendung des Stolzes und des Hochmuths, daß er diese seine Krankheit und Hilfsbedürftigkeit nicht erkennen mag. Die Krankheit seiner Vernunft ist eine gewisse Verfinsterung, die in Folge der Sünde bei ihm eingetreten ist. Die Krankheit seines Willens ist die Schwächung desselben, eine gewisse Ohnmacht im Guten, an welcher er zu seiner Qual leidet. Auch in diesem Zustande ist ihm das Bewußtsein dessen, wozu er ursprünglich seiner Natur

---

[1] Summa theol. I. II. q. 109 a. 2.

nach bestimmt und befähigt war, ja auch ein theilweises Bewußt=
sein selbst jener übernatürlichen Gnaden und Gaben, die ihm Gott
ursprünglich verliehen hatte, geblieben. Was er aber im gesunden
Zustande vermochte, kann er jetzt nur durch ein Heilmittel, wel=
ches Gott ihm anbietet. Statt aber diesen Zustand in Demuth
anzuerkennen, empört sich der Mensch in seinem Stolz gegen diese
göttliche Hilfe; und daraus entstehen dann jene Kämpfe des mensch=
lichen Geistes, jenes Aufsteigen und Niedersinken, jenes unüber=
windliche Ringen nach Wahrheit, von der er sich nicht trennen
kann, weil er sich von seiner Natur nicht trennen kann; und doch
wieder dieses Unvermögen, alle jene Wahrheiten zu erfassen, nach
denen er hungert, weil er sich der Heilmittel nicht bedienen will,
die Gott ihm bietet.

Diese beiden Lehrsätze der Kirche von dem Vermögen der Ver=
nunft, natürliche Wahrheiten über die Bestimmung und die Pflichten
des Menschen zu erkennen, und doch wieder von dem Unvermögen
derselben Vernunft, auch nur alle natürlichen Wahrheiten genügend
zu erfassen, finden ihre volle Bestätigung in der Weltgeschichte.
Nur mit dieser Einsicht wird die Geschichte der Menschheit klar und
verständlich. Dadurch allein erklären sich diese sonst ganz unbegreif=
lichen Widersprüche, die wir überall wahrnehmen, die sich immer wie=
derholen, sowohl im Ganzen, wie im Leben jedes einzelnen Menschen.
Der Mensch hat auch noch andere Kämpfe; er kämpft nicht allein um
die Wahrheit. Er kämpft auch um sein tägliches Brod, er kämpft
um die täglichen Bedürfnisse seines Daseins, er kämpft gewissermaßen
einen täglichen Kampf um Leben und Tod. Er kämpft ferner gegen die
Leidenschaften und Unterdrückungen seiner Mitmenschen, er kämpft mit
der ganzen Schwere der Materie, die ihn erdrücken will; und trotz
aller dieser schweren Kämpfe ist es ein Kampf, der ihn mehr
beschäftigt, wie das Alles: der Kampf um die Wahrheit, die wie
ein Lichtfunken seinen Geist immer wieder über die Materie er=
hebt. Aber sich selbst überlassen, kämpft er nicht um zu siegen; es
ist ein hoffnungloser Kampf, und der Geist erhebt sich nur, um bald
wieder in Irrthum und Zweifel jeder Art zurückzufallen.

Diese Lehre der Kirche von den Grenzen der sich selbst über=
lassenen Vernunft ohne höhere Hilfe berührt eben die Gegenwart
in einem noch nie dagewesenen Umfange. Da liegt auch der Be=
rührungspunkt zwischen dem allgemeinen Concil und den Zuständen
unserer Zeit. Noch nie ist die von jeder Autorität losgelöste

menschliche Vernunft mit höheren Ansprüchen, mit größerem Stolz aufgetreten, noch nie hat sie über solche Mittel zu verfügen gehabt. Die Welt liegt gleichsam aufgedeckt vor ihren Augen, Schulen und Bildungsmittel aller Art stehen ihr zur Verfügung, sie kann durch die Presse täglich das ganze denkende Menschengeschlecht um ihren Lehrstuhl versammeln. Und welches Ergebniß sehen wir vor Augen? Nie hat es eine größere Uneinigkeit der Geister gegeben, nie eine tiefere Spaltung über die Frage: „Was ist Wahrheit?“ nie so große, so weit greifende, alles zersetzende und untergrabende Irrthümer, wie gerade jetzt. Diese Welt will nun Gott durch die Stimme des von ihm selbst gestifteten Lehramtes daran erinnern, daß die Vernunft der Menschen zwar zum Höchsten berufen ist, daß sie aber seiner Leitung bedarf, wenn sie ihr Ziel erreichen will; und daß sie ohne dieselbe immer wieder in Gefahr ist, bodenloser Unvernunft anheimzufallen, eine Beute des Lügengeistes zu werden.

In dem Propheten Daniel sehen wir die großen Weltreiche wie eine große Bildsäule aus Gold, aus Silber, aus Erz und Thon, die sich zum Schrecken und Erstaunen der Menschen erhebt. Da löst sich ein Stein ohne Menschenhand von einem hohen Berge ab und stürzt auf die Bildsäule und zermalmt sie zu Staub, daß der Wind sie wegweht. Der Stein aber wird zu einem Berge, der die Erde anfüllt. So ist es gekommen. Alle jene Weltreiche sind spurlos zertrümmert. Der Stein aber, der vom Himmel herabgekommen, ist zum Eckstein geworden, auf dem sich das Reich Gottes aufgebaut hat, welches die Welt erfüllt. So geht es auch mit den Werken des stolzen Menschengeistes, der aus sich und seinen eigenen Kräften den Bau der Wahrheit aufführen will. Wie Viele haben schon gebaut vor und nach Christus bis auf den heutigen Tag! Wie Viele haben geglaubt, ohne Christus den Tempel der Wahrheit aufführen zu können; und wie Vielen ist schon geschehen, was jener Bildsäule widerfahren ist! Und so wird es fortgehen, bis die Menschen anfangen, an der Hand der göttlichen Offenbarung und des von Gott gegründeten Lehramtes zu bauen. Bis dahin wird immer wieder dieser Stein, der vom Himmel gekommen, ihre Lügensysteme zertrümmern, so daß der Wind kömmt und sie wie Staub hinwegfegt, und man den Ort kaum mehr findet, wo sie in stolzer Selbstverblendung ihre Tempel der Vernunft aufgeführt hatten.

––––––––––

II.

Wohin kommt die Vernunft ohne Offenbarung, ohne Gnade, ohne Autorität, nur ihren natürlichen Kräften überlassen? Was hat sie in diesem Zustande aus den natürlichen Wahrheiten gemacht, die Gott ihr anvertraut hat?

> „Er verschwendete seine Habe . . . und nachdem er alles verzehrt hatte, . . fing er an Hunger zu leiden."
> Luc. 15, 13 f.

Der Prophet Isaias zeigt uns am Ende der Tage das Haus des Herrn auf dem Gipfel der Berge im Angesicht aller Völker der Erde; wie die Völker zu ihm hinströmen und zu einander sprechen: „Kommet und lasset uns hinangehen zum Berge des Herrn und zum Hause des Gottes Jacobs; er wird uns lehren seine Wege und wir wollen wandeln auf seinen Pfaden." „Dann", fährt er fort, „wird er richten die Völker und viele Nationen zurechtweisen, und sie werden ihre Schwerter in Pflug= schaaren umschmieden und ihre Lanzen in Sicheln; nicht mehr wird Volk gegen Volk das Schwert erheben, nicht mehr werden sie sich üben zum Kriege. So kommet ihr vom Hause Jacob und laßt uns wandeln im Lichte des Herrn [1]." Das ist eine trostreiche Ver= heißung: trostreich für uns alle, die wir die erhabene Wahrheit von der Einheit des Menschengeschlechtes tief in unsrer Seele empfinden. Wenn auch die Zustände in der Gegenwart noch weit von diesem Bilde des Friedens entfernt sind und die Zer= splitterung unter den Menschen noch so weit gediehen ist, so wird und soll sie dennoch in Erfüllung gehen. Vielleicht stehen wir unbewußt schon mitten in einer Bewegung, die nach diesem Ziele hinführt.

---

1) If. 2, 3—5.

Dazu aber müssen die Menschen sich wieder, wie es in diesen Worten des Propheten heißt, von Gott belehren lassen und „in dem Lichte des Herrn wandeln," in jenem Lichte, welches von seiner übernatürlichen Offenbarung und dem von ihm gegründeten Lehramte ausgeht. Ohne diese Leitung geht die menschliche Vernunft in die Irre, ähnlich wie das Auge ohne Licht seinen Dienst nicht erfüllt. So groß die Fähigkeit des menschlichen Geistes in Erforschung der ewigen Wahrheit ist, wenn er sich von Gott erleuchten und führen läßt, so ohnmächtig wird derselbe, wenn er sich stolz von Gott abwendet und sich selbst genügen will. Wie Gott in der übernatürlichen Offenbarung einen Schatz von Wahrheiten hinterlegt hat, welchen, wie wir sahen, der Apostel Paulus als ein Depositum betrachtet, das die Kirche treu bewahren soll, so hat er auch jedem Menschen in den natürlichen Fähigkeiten seiner Vernunft ein solches Depositum anvertraut. Er soll es bewahren, aber nicht wie einen Schatz vergraben, sondern dadurch Zinsen geistiger Erkenntniß gewinnen. Was haben aber die Menschen, welche sich von Gott und seiner Offenbarung abgewendet haben, mit diesem Schatz natürlicher Erkenntniß angefangen? Genau dasselbe, was der verlorene Sohn des Evangeliums mit dem Erbtheil, welches er vom Vater empfangen hatte, gethan hat. Sie haben ihre geistige Habe verschwendet; und nachdem sie alles verschwendet hatten, sind sie in geistige Hungersnoth gerathen. Dahin kommt die Vernunft, die sich von Gott nicht belehren lassen will. Wir wollen diese Ohnmacht der sich selbst überlassenen Vernunft in einigen Zügen näher ins Auge fassen, um die Nothwendigkeit einer göttlichen Leitung des menschlichen Geistes zu erkennen.

Die höchste natürliche Fähigkeit des Geistes ist die der Erkenntniß Gottes. Alles andre, sowohl auf dem Gebiete des Erkennens wie des Lebens, hängt von ihr ab. Je reiner die Gotteserkenntniß in einem Menschen und in einem Volke, desto höher steht der Mensch, das Volk; je trüber die Gotteserkenntniß, desto niedriger stehen sie. Was hat nun im ganzen Verlaufe der Geschichte des Menschengeschlechtes, soweit sie uns bekannt ist, die menschliche Vernunft aus der Gotteserkenntniß gemacht, wo sie nicht von der Offenbarung geleitet war? Die Geschichte antwortet darauf mit den Thatsachen aller Gräuel des Götzendienstes und roher und feiner Gottesleugnung in alter und neuer Zeit, mit allen Erniedrigungen des Menschengeschlechtes, welche aus diesen Verirrungen des Geistes hervorgegangen sind. Sie bestätigt die Worte des heiligen Paulus: „Nachdem sie Gott erkannt hatten, haben sie ihn nicht als Gott verherrlicht noch ihm Dank gesagt, sondern sie wurden nichtig in ihren Gedanken und ihr unverständiges Herz ist finster geworden. Indem sie sich für Weise ausgaben, sind sie Thoren geworden. Sie verwechselten die Herrlichkeit des unvergänglichen Gottes mit einem Gleichbilde von einem vergänglichen Menschen, von Vögeln und anderen Thieren. Deßhalb gab sie Gott den Gelüsten ihres Herzens preis, der Unlauterkeit, daß sie entehrten ihre Leiber an sich selber; sie, welche die Wahrheit Gottes mit der Lüge vertauschten und vielmehr dem Geschöpfe Verehrung und Dienst erwiesen als dem Schöpfer, welcher gebenedeiet ist in Ewigkeit[1)]." Jeder Zug dieses Bildes ist in Erfüllung gegangen bis auf den heutigen Tag an allen Menschen und Völkern, die sich von der Leitung Gottes und seiner Offenbarung abgewendet haben. Sie werden „nichtig in ihren Gedanken," „finster in ihren unverständigen Herzen," „sie sind Thoren, da sie sich für Weise halten." In ihrer Selbstvergötterung verwechseln sie „die Herrlichkeit des unvergänglichen Gottes" bald mit sich, bald mit der todten Materie, und zur Strafe fallen sie ihren Lüsten anheim und entehren ihre eigenen Leiber. Wörtlich, buchstäblich geht das Alles fort und fort in Erfüllung.

Von der Gotteserkenntniß hängen aber alle anderen Erkenntnisse des menschlichen Geistes ab, wenigstens alle jene, die die höheren und tieferen Interessen des menschlichen Geistes berühren. Wenn daher der Geist in seiner Abwendung von der göttlichen Offenbarung in seiner Gotteserkenntniß getrübt oder verfinstert wird, so fällt auch ein Schatten auf alle andern Erkenntnisse.

Mit der Gotteserkenntniß hängt zunächst innig die Selbsterkenntniß zusammen, die nach ihr das höchste Bedürfniß der Seele ist. Je reiner die Gotteserkenntniß, desto reiner die Selbsterkenntniß und umgekehrt. Beide lassen sich von einander nicht trennen, weil der Mensch von Gott erschaffen ist, alles von ihm empfangen hat und als geistiges Abbild von Gott sich und seine Würde nur in diesem ewigen Urbilde verstehen kann. Was hat

---

1) Röm. 1, 21 ff.

aber die Vernunft aus der natürlichen Selbsterkenntniß gemacht, wo sie sich von der göttlichen Leitung abgewendet hat? Sie hat nicht nur die wahre Selbsterkenntniß, welche der Ausgangspunkt der wahren Weisheit ist, die Erkenntniß ihres Verhältnisses zu Gott, ihrer Würde und ihrer wahren Bestimmung verloren, sondern sie hat der Seele statt der wahren Selbsterkenntniß einen blinden, finsteren, wahnsinnigen Stolz und Hochmuth eingepflanzt und sie dann zu einer Dienerin und Sclavin dieses finsteren Geistes gemacht. Sie hat die Seele an wahrer Selbsterkenntniß so arm gemacht, daß sie endlich sich selbst, ihr Leben, ihre Unsterblichkeit leugnet, daß sie sich der vernunftlosen Materie und dem vernunftlosen Thiere gleichstellt. „Indeß sie sagen, sie seien Weise, sind sie Thoren geworden." Sie „entehren" nicht nur, wie der heilige Paulus sagt, „ihren Leib," sie entehren ihren Geist; und diese Entehrung halten sie für ihren Ruhm. Die Finsterniß verherrlicht die Finsterniß als das Licht. Wie sie hin und hergetrieben werden, indem sie bald Götzen dienen, bald Gott leugnen, so schwanken sie auch in der Selbsterkenntniß, indem sie bald ihre Vernunft vergöttern, bald ihr Dasein leugnen.

Mit der Selbsterkenntniß schwindet denn auch die Bruderliebe, die rechte Einsicht von dem innigen Bruderbande, das uns mit den Mitmenschen verbindet, und von den Beziehungen, die aus demselben hervorgehen. Die Nächstenliebe beruht auf der Selbsterkenntniß, wie die Selbsterkenntniß auf der wahren Gotteserkenntniß ruht. Schon die Lehre der Offenbarung, daß wir Menschen alle der Seele nach Bilder Gottes sind, dieselben Stammeltern haben und dadurch Brüder sind, ist von unberechenbarem Einfluß für alle Beziehungen der Menschen untereinander, wie die Leugnung derselben in dieser Hinsicht von unberechenbarem Schaden ist. Es ist zwar auch ein natürliches Gesetz des menschlichen Geistes: Was du nicht willst, daß dir geschehe, das thue auch deinem Nächsten nicht. Aber dieses Gesetz muß zugleich, um wirksam zu werden, von der wahren Gottes- und Selbsterkenntniß getragen werden. Sonst wird es keinen Einfluß auf das Leben üben. Der Mensch wird vielmehr bald dahin kommen, sein Verhältniß zu den Mitmenschen nicht mehr nach diesem Vernunftgesetze, sondern nach dem unersättlichen Geiste der Selbstsucht einzurichten. Was aber die sich selbst überlassene menſchliche Vernunft aus der Nächſtenliebe macht, das ſehen wir an ſo vielen Erſcheinungen der Gegenwart.

Was hat ſie ferner aus den natürlichen Grundlagen der bürgerlichen Geſellſchaft gemacht? Auch dieſe entſpringen aus Gott. Alles, was zum Gedeihen der bürgerlichen Geſellſchaft ge= ſchieht, hat nur in ihm ſeine Grundlage. Auf dieſer Grundlage ruht das Recht und die Autorität, das Geſetz, die Pflege der Gerechtigkeit, die Pflicht des Gehorſams. Ja das ganze Daſein des Staates hat ſeine ſittliche Grundlage nur in der Ueberzeug= ung, daß er nicht eine willkürliche menſchliche Erfindung, ſondern eine von Gott gewollte Einrichtung iſt, die wir deßhalb ehren müſſen, weil Gott es will. Was hat der menſchliche Geiſt, von jeder höheren Leitung losgeſagt, von allen dieſen natürlichenStützen der bürgerlichen Geſellſchaft noch übrig gelaſſen? Er hat ſie, eine nach der andern angenagt und unterwühlt; er hat ſie alle beſchädigt. Daraus entſteht dieſe vollkommene politiſche Ungewiß= heit, in der ſich die moderne Geſellſchaft befindet; und wenn die ſtaatliche Ordnung noch beſteht, ſo verdanken wir das nicht jenem Geiſte, der ſich von der göttlichen Offenbarung getrennt hat und ſich gebärdet, als ob er die ſtaatliche Ordnung zuſammenhielte, ſondern wir verdanken es vielmehr im graden Gegentheil jener Geſinnung, die im directen Widerſpruch zu dieſem Geiſte noch in dem chriſtlichen Volke fortwirkt. Die ganze moderne Staatsweis= heit würde nicht im Stande ſein, die bürgerliche Ordnung nur auf kurze Zeit vor den tiefſten Erſchütterungen zu bewahren, wenn nicht der chriſtliche Geiſt ſie ſchützte, von dem ſie ſich ab= gewendet hat.

Aehnlich ſteht es auch mit den natürlichen Grundlagen der Familie. Das geiſtige und leibliche Wohl des Menſchen hängt mehr wie von allem Andern, von dem Gedeihen der Familie ab. Alles was ſie beſchädigt, beſchädigt den Menſchen am Tiefſten. Aller Fortſchritt nützt dem nichts, der in der Familie an Leib oder Seele verpeſtet iſt. Die natürlichen Grundlagen der Familie ſind dieſelben, welche auch durch die übernatürliche Offenbarung als ſolche bezeichnet ſind. Wie wenig iſt aber die von der Offen= barung getrennte Vernunft im Stande geweſen, ſie zum Heile der Menſchen aufrecht zu erhalten. Im Heidenthume nahm vielmehr die Zerſtörung aller natürlichen Grundlagen der Familie mit allen entſetzlichen Folgen dieſer Zerſtörung ganz im

Verhältniß der wachsenden geistigen Bildung zu und in ganz ähnlicher Weise arbeitet auch jetzt wieder der heidnische Geist unserer Tage daran, diese heiligste Stätte, wo alle heiligen und hohen Interessen der Menschheit gepflegt werden, zu beschädigen. Wenn nicht die göttliche Offenbarung die Menschen schützte, so würden wir die Verwüstungen des alten Heidenthums im Familienleben wiederkehren sehen. Alle angebliche Humanität würde die Menschen nicht schützen gegen die Macht der Leidenschaften, die sich da gel= tend machen können.

Wie aber die von der Offenbarung getrennte Vernunft alle diese natürlichen Wahrheiten vergeudet hat, so macht sie es ähnlich auch mit den übernatürlichen Wahrheiten der Offenbarung. Auch diese kann sie nicht lauter und ungeschmälert erhalten ohne höhere Hilfe; auch diese verschwendet sie nach und nach bis zur letzten christlichen Lehre und bis zum letzten Buchstaben der heiligen Schrift, wie uns das die Geschichte der von der Kirche Getrennten hinreichend bewiesen hat. Doch darauf kommen wir später zurück.

Von diesem Gesetz machen nur jene natürlichen Kenntnisse einiger Maßen eine Ausnahme, die sich ganz auf der Oberfläche der natürlichen Erscheinungen halten und dem Geiste des Menschen auf die höch= sten und wichtigsten Fragen, auf das „Woher" und „Wohin" keine Antwort geben. Vor allem ist es jener Theil des natür= lichen Lebens, der sich lediglich nach mechanischen Gesetzen richtet, nach den Gesetzen, die für die Materie von Gott gegeben sind, der dann noch dem menschlichen Geiste zugänglich ist. Die bloße Wissenschaft dieser Gesetze kann aber den Menschengeist ebensowenig befriedigen, wie die Materie selbst, und der Götzendienst mit der= selben ist nur wieder eine andere Form für den Götzendienst der Materie.

Die Vernunft aber, die es verschmäht, sich von dem über= natürlichen Lichte erleuchten zu lassen, wird nicht nur die natürlichen Kenntnisse, die Gott ihr anvertraut hat, mehr oder weniger verlieren, und an den höheren geistigen Gütern wie der verlorene Sohn Hunger leiden; sie wird noch über= dies einem anderen Geiste dienstbar werden, sie wird oft dahin kommen, alle ihre Fähigkeiten, alle ihre Kenntnisse im Dienste der Lüge und des Bösen zu verwenden. Wie häufig ist das der Fall in unseren Tagen! Je höher die Gaben des Geistes sind, die Gott der Menschheit verliehen hat, desto verderblicher wirken sie, wenn sie nicht mehr Gott dienen. Die Vernunft führt unter Gottes Leitung zur ewigen Wahrheit; wenn sie aber sich von Gott abwendet, dann wird sie eine Verführerin, welche die Menschen vom Wege der Wahrheit ableitet. Das findet aber in der aus= gezeichnetsten Weise jetzt statt. Wie wird dieses höchste Vermögen der Seele mißbraucht! Wie wird es benutzt, um die Men= schen irre zu führen und zu verderben! Welch ein furchtbares System von Lug und Trug hat sich dieser himmlischen Gabe der Vernunft und der Wissenschaft bemächtigt! Dabei wurzelt in der Seele der Menschen das Bewußtsein, daß die Ver= nunft der Wahrheit dienen soll, so tief, daß ein großer Theil derselben dieses Trugspiel mit der Wahrheit nicht erkennt, und dieses Vertrauen zur Vernunft ist dann für sie ein neues Mittel des Betrugs. Die Vernunft, von Gott bestimmt, der Wahrheit zu dienen, wird dann eine Dienerin des Geldes, der Ge= winnsucht und aller Interessen, die das Geld befriedigen kann. Das ist nur zu häufig der Zustand jener Intelligenz in unseren Tagen, die so stolz einherschreitet und der Welt verkündet, daß sie ihr Licht bringe und daß sie nur dem Lichte biene. Sie lügt und betrügt. In ihrem Kampfe gegen das Christenthum dient sie nicht der Wahrheit, sondern dem Gelde; sie erschöpft alle Mittel des Geistes zur Verführung der Menschen in diesem Gelberwerbe. Ein großer Theil der Erzeugnisse der modernen Literatur, mit ihren Gottlosigkeiten und ihren entsetzlichen Sit= tenlosigkeiten ist gemeiner Gelberwerb. Diese erhabene himm= lische Gabe, die Intelligenz, die den Menschen erheben soll bis zu den ewigen Lichträumen, wo Gott thront, um dort niederzusinken und anzubeten, muß hier auf Erden so vielfach in diesem teuf= lischen Geschäft der Verführung und Entsittlichung der Menschen menschlicher Bosheit und Verworfenheit dienen. Dahin kommt die Vernunft ohne Offenbarung, ohne Gnade, ohne Autorität. So arm wird sie, wenn sie in stolzer Ueberhebung nicht auf Gottes Stimme hören will. Statt die Menschen zu vereinen und sie vereint nach jenem Berge Gottes zu führen, von welchem der Prophet redet, statt ihnen jenen seligen Frieden zu bringen, trennt sie dann die Menschen, führt sie ab von Gott und macht aus dem Leben der Menschen einen nie endenden Kampf der Selbstsucht und der Sinnlichkeit.

III.

Hat denn Gott zu den Menschen gesprochen, so daß sie seine Stimme hören konnten? Redet er auch jetzt noch so vernehmlich, so bestimmt zu uns, daß wir mit voller Gewißheit, nicht irre zu gehen, uns seinen Worten anvertrauen können?

„Zu vielen Malen und in vielerlei Weisen hat einst Gott zu den Vätern durch die Propheten geredet; zuletzt in diesen Tagen hat er zu uns durch den Sohn geredet, welchen er zum Erben über Alles gesetzt, durch welchen er auch die Welten gemacht hat." Hebr. 1, 2.

Auf diese Fragen können wir nur von der Geschichte eine Antwort erhalten.

1. Was sagt uns darüber die erste Geschichte des Menschengeschlechtes vor dem Sündenfalle?

Gott selbst redet dort mit den Menschen. Er überließ sie nicht ausschließlich dem Lichte ihrer Vernunft. Obwohl er ihnen außer den natürlichen Fähigkeiten des Geistes noch übernatürliche geistige Gaben gespendet hatte und obwohl jene natürlichen Gaben noch nicht durch die Sünde beeinträchtigt waren — dennoch redete er mit ihnen. Er selbst segnete sie und sendete ihnen damit die göttliche Hilfe, um das zu vollbringen, was er ihnen befehlen wollte; er selbst übertrug ihnen dann die Herrschaft über die Natur und über alle Geschöpfe[1]; er gab ihnen selbst ein Gebot, ein äußeres positives[2]), obwohl er ihnen auch ein inneres schon in die Seele geschrieben hatte, das allgemeine Sittengesetz. Dieses äußere Gebot sollte ihren Gehorsam prüfen; sie sollten dadurch die ihnen übertragene Herrschaft über die gesammte Natur nur in der Unterwerfung unter seine Oberherrschaft üben lernen.

---

1) I. Mos. 1, 28—30. — 2) I. Mos. 2, 16 f.

Das äußere Gesetz sollte sie auch dahin erziehen, daß sie das innere Gesetz gleichfalls als Gottes Gesetz erkännten und nicht ihrem eigenen Willen zuschrieben. Gott selbst legte endlich schon damals die Grundlagen der Familie und gab ihr, weil sie wieder die Grundlage aller andern menschlichen Verbindungen werden sollte, ihr wunderbares Grundgesetz, das auch heute unerschüttert fort= besteht. Gott redete aber nicht nur Einmal zu dem Menschen, sondern er verkehrte so liebevoll mit diesem Geschöpfe, welches er nach seinem Ebenbild erschaffen hatte, daß er uns in der heiligen Schrift wie ein Vater wandelnd im Paradiese dargestellt wird[1]). Wir Kinder der Offenbarung können uns über eine solche Sprache nicht wundern, da ja Gott auch in dem jetzigen Zustande, wo das wiederhergestellt und vollendet werden soll, was wir im Paradies besaßen und durch die Sünde verloren haben, in dem Geheimniß seiner Liebe, dem allerheiligsten Sacra= mente unter uns wohnt; und da wir ferner wissen, daß es unsere Endbestimmung ist, ewig Gott zu schauen. Es be= weist aber, wie das Reden Gottes zu den Menschen, wie der Verkehr Gottes mit den Menschen so ganz zu seinem väterlichen Plane gehört. Uns erscheint ein Reden Gottes mit uns nur deß= halb oft so fremd, weil uns durch die Sünde der Gedanke so fremd geworden ist, wie innig wir Gott angehören.

2. Was sagt uns darüber die Geschichte des alten Bundes, die Zeit der Vorbereitung auf den kommenden Erlöser, die Zeit der Vorbilder von dem Reiche Gottes, das jener auf Erden stiften wollte?

Der Apostel Paulus faßt die ganze Geschichte des alten Bundes in den Worten zusammen: „Zu vielen Malen und in vielerlei Weisen hat einst Gott zu den Vätern durch die Propheten geredet[2]).“ Das ist die Bedeutung, das die ganze Geschichte des alten Bundes: „Deus loquens patribus in prophetis — Gott mit den Menschen redend durch die Propheten.“ Der Zweck war, die Menschen wieder zu sich zurück zu führen, den Geist des Menschen zu seiner Erkenntniß, das Herz des Menschen zu seiner Liebe. Das ist auch der Zweck der ganzen Erlösung, während das ganze Verderben der Sünde in dem Gegentheil besteht: in

---

1) 1. Moj. 3, 8. — 2) Hebr. 1, 1.

den Verirrungen des Geistes, der Gott nicht mehr erkennt und damit auf alle Irrwege der Lüge geräth, in den Verirrungen des Herzens, das Gott nicht mehr liebt. Als Gott beschlossen hatte, alle diese, wie verirrte Schafe von dem rechten Wege abgewichenen Menschenseelen und Menschenherzen wieder auf dem rechten Wege zu dem einen Ziele, zur Erkenntniß der einen und höchsten Wahrheit, zur Liebe des einen und höchsten Gutes hinzuführen, da erkannte er in seiner göttlichen Weisheit ein Mittel und dies war: Deus loquens patribus. Er selbst redete zu den Menschen.

Aber ein Unterschied war zwischen dem Reden Gottes mit den Menschen im Paradiese und im alten Bunde. Im Paradiese redete er selbst und unmittelbar mit den Menschen; später redete er „durch die Propheten" zu ihnen. Dafür können wir uns mehrere Gründe denken. Erstens waren die Menschen unwürdig, in ihrem jetzigen Zustand das Angesicht Gottes zu schauen; sie sollten ja dazu erst wieder vorbereitet werden. Zweitens aber lag in diesem Verfahren der göttlichen Vorsehung zugleich das wahre Heilmittel, um den Menschen durch den Glauben zu sich zurückzuführen. Und endlich drittens war der alte Bund wie ein Schatten des neuen Bundes, wie ein Schatten von jenem Verkehr Gottes mit dem Menschen, der im neuen Bunde wieder eintreten sollte.

Ein anschauliches Bild von diesem Reden Gottes d u r c h Menschen z u den Menschen im alten Bunde gibt uns J e r e m i a s, wo er erzählt, wie er von Gott zu diesem Amte berufen wurde. Gott redete zu ihm: „Ehe ich dich bildete im Mutterleibe, habe ich dich gekannt und ehe du hervorgingest aus dem Schooße, habe ich dich geheiligt und als Propheten für die Völker dich gesetzt." J e r e m i a s gerieth darüber in große Angst und antwortete: „Ach, Herr und Gott! Siehe ich weiß nicht zu reden; denn ein Knabe bin ich." Da sprach Gott zu ihm: „Sage nicht: ‚Ein Knabe bin ich;' denn zu allem, wozu ich dich sende, sollst du gehen, und alles zumal, was immer ich dir auftragen werde, sollst du reden. Fürchte dich nicht vor ihnen; denn mit dir bin ich, dich zu erretten." Damit aber begnügte sich Gott noch nicht; er wollte seinem Diener und Propheten auch noch eine höhere Gnade zur Erfüllung dieses heiligen Amtes mittheilen. Er streckte daher seine Hand aus, berührte seinen Mund und sprach zu ihm: „Siehe, ich lege meine Worte in deinen Mund; ich habe dich

heute bestellt über die Völker und über die Königreiche, um aus=
zurotten und zu zerstören, .. um zu bauen und zu pflanzen[1]).“
In dieser Weise also redete Gott im alten Bunde zu den Menschen.
Er wählte sich dazu seine Diener aus; er war mit ihnen mit
seiner Gnade, er gab ihnen ihre Sendung; er rüstete sie aus mit
einer entsprechenden Kraft; er berührte in übernatürlicher Weise
ihren Mund und legte seine Worte in ihren Mund. Darum
war das, was sie redeten, Gottes Wort, und Gott selbst redete
durch sie zu den Menschen.

Welche Wirkung aber dieses Reden Gottes zum Judenvolke
hatte, erkennen wir, wenn wir einen Blick auf die Geschichte
dieses Volkes und auf die aller heidnischen Völker werfen und
dabei nur das Eine in Betracht ziehen, vor welchen Gräueln des
Götzendienstes die Juden dadurch bewahrt wurden, daß Gott
durch dieses Reden ihnen den Glauben an den einen wahren
Gott erhielt.

3. Was sagt uns darüber Christus selbst?

Das ganze Leben Jesu ist eine Antwort auf diese Frage.
Der Apostel Paulus faßt es in den Worten zusammen: „Zuletzt in
diesen Tagen hat Gott zu uns durch seinen Sohn geredet, welchen er
zum Erben über Alles gesetzt, durch welchen er auch die Welten ge=
macht hat, welcher der Abglanz seiner Herrlichkeit und das Ebenbild
seines Wesens ist und durch das Wort seiner Kraft alles trägt[2]).“
Das ist also der Unterschied zwischen dem alten und dem
neuen Bunde, zwischen dem Reden Gottes dort und hier.
Damals sprach er durch die Propheten, jetzt redet er durch
seinen Sohn, welcher der Abglanz seiner Herrlichkeit und
das Ebenbild seines Wesens ist; welcher mit ihm ein und
dieselbe ewige göttliche Natur und Wesenheit besitzt; welcher, wie
das Concil von Nicäa sagt, „Gott von Gott, Licht vom Lichte,
wahrer Gott vom wahren Gotte, gezeugt, nicht gemacht, dem
Vater wesensgleich ist.“ Jetzt redet also Gott selbst unmittelbar
zu den Menschen, aber in menschlicher Gestalt; der Gott=Mensch
ist unser Lehrer und will durch sein Wort uns Menschen, un=
sern Geist, unser Herz führen und leiten. Jetzt redet zu uns die
auf Erden erschienene Wahrheit: „Ich bin ... die Wahrheit[3]);“

---

1) Jerem. 1, 5—10. — 2) Hebr. 1, 1—3. — 3) Joh. 14, 6.

das auf Erden erschienene Licht: „Ich bin das Licht der Welt [1]."
Ganz folgerichtig erinnert denn auch der Apostel Paulus an
die große Verantwortung, welche wir auf uns laden, wenn wir
uns von Christus und seinem Wort nicht leiten lassen. Nachdem
er nämlich darauf hingewiesen, daß dieses Reden Gottes zu
uns in seinem eigenen Sohne noch viel glaubwürdiger sei, als
wenn er selbst einen Engel von seinem Throne als Boten zu uns
geschickt hätte, kommt er zu dem Schlusse: „Darum müssen wir
um so mehr an dem halten, was wir (von ihm) gehört haben;
denn wenn das durch Engel verkündete Wort schon zuverlässig
ist und jede Ueberschreitung und jeder Ungehorsam die gerechte
Vergeltung empfangen hat, wie werden wir entfliehen, wenn wir
so großes Heil vernachlässigen [2]!" „Darum, ruft er endlich aus,
heilige Brüder, Mitgenossen des himmlischen Berufes, habet Acht
auf Jesum, den Gesandten und Hohenpriester unseres Bekennt-
nisses [3]."

In welcher Art aber der Sohn Gottes zu den Menschen
redete, davon wollen wir nur ein sehr bezeichnendes Beispiel anführen. Ueber den Eindruck, welchen die Bergpredigt auf die
Zuhörer machte, erzählt nämlich der heilige Apostel Matthäus:
„Und es geschah, als Jesus diese Reden beendet hatte, erstaunten
die Schaaren ob seiner Lehre." Worin hatte dieses Erstaunen
seinen Grund? Etwa in der Erhabenheit der vorgetragenen Lehren? Nein, wenigstens nicht hauptsächlich. Der Apostel gibt
einen andern Grund an: „Denn er lehrte sie wie Einer, der
Macht hat, und nicht wie ihre Schriftgelehrten und Pharisäer [4]." So lehrte der Sohn Gottes, so redete Gott durch
ihn zu den Menschen. Seine Lehren waren überaus ver-
nünftig, überaus menschenfreundlich, überaus liebevoll; aber er
stützte sich nicht auf Menschenweisheit, auf Geschicklichkeit der Rede,
auf Vernunftbeweise, um die Menschen zum Glauben zu führen,
sondern er redete zu ihnen als ihr Gott und Herr und verlangte
von seinen Zuhörern deßhalb Unterwerfung unter seine Worte;
er verlangte Glauben von ihnen, weil er, die ewige Wahrheit,
zu ihnen redete, und weil kein Vernunftbeweis so der Vernunft
entsprechend ist als der, daß die Vernunft des Menschen sich

---

1) Joh. 8, 12. — 2) Hebr. 2, 1 ff. — 3) Hebr. 3, 1. — 4) Matth.
7, 28 f.

Gott, wenn er redet, unterwerfen muß. Er redete zu ihnen deß=
halb wie Einer, „der Macht hat." Darauf bezieht sich auch, was
der Apostel Paulus von dem Glauben sagt: „Die Waffen un=
seres Kampfes sind nicht fleischlich, sondern mächtig durch Gott,...
indem wir Vernunftschlüsse darniederwerfen und alle Hoheit, welche
sich erhebt wider die Erkenntniß Gottes, und gefangen nehmen
jeden Verstand zum Gehorsam Christi[1]." So hat Gott in seinem
Sohne zu den Menschen gesprochen und so haben die Menschen
sein Wort aufgenommen. Als Einer, „der Macht hat," hat er
zu ihnen geredet und weil sie diese Macht in ihm erkannten, deß=
halb haben sie ihren Verstand zum Gehorsam gegen Christus ge=
fangen gegeben.

4. Was sagt endlich über die aufgestellte Frage die Kirche
Christi?

Sie antwortet, daß Christus ihr ein Lehramt übertragen
hat, daß sie selbst auf Erden „eine Säule und Grundveste der
Wahrheit ist[2];" daß Christus durch sie zu den Menschen redet
bis an das Ende der Welt.

Da wir dieses Reden Gottes zu den Menschen durch seine
Kirche von verschiedenen Seiten betrachten müssen, so beschränken
wir uns in diesem Abschnitte darauf, nur die Einsetzung eines
solchen Lehramtes, durch welches Gott zu den Menschen redet,
ins Auge zu fassen.

Gott hat im Paradiese zu den Menschen gesprochen; Gott
hat im alten Bunde zu den Menschen gesprochen; Gott hat end=
lich in und durch seinen Sohn zu den Menschen geredet, um sie
zu leiten und zu führen. Sollte da auf einmal die lebendige
Stimme Gottes auf Erden verstummen und ein todtes Buch dessen
Stelle einnehmen? Sollte von da an alles schweigen und jedes
göttliche Lehramt aufhören? Sollten die Schatten im Lehramte
des alten Bundes höher stehen, als die Wirklichkeit im neuen
Bunde? Sollte dort ein Mann im Namen Gottes lehren, dessen
Lippen Gott mit seiner Hand berührte und in dessen Mund er
sein lebendiges Wort legte, und dagegen hier nur mehr ein ge=
schriebenes Pergament, ein gedrucktes Papier das Organ Gottes
sein? Unmöglich! Im neuen Bunde, im Reiche Christi auf
Erden, in dieser Kirche des lebendigen Gottes, da müssen alle

---

1) 2. Cor. 10, 4 f. — 2) 1. Timoth. 3, 15.

Vorbilder des alten Bundes verwirklicht sein, da muß eine lebendige Stimme ertönen, durch die Gott zu uns redet und zwar deutlicher, bestimmter wie im alten Bunde. Da muß eine lebendige Stimme forttönen, durch die der lebendige Christus vernehmbar zu uns spricht; eine lebendige Stimme, die immer im Namen Gottes unzweifelhaft antwortet, wenn die getrübte, verirrte, in zahllosen Trugschlüssen verwickelte Vernunft der Menschen nach allen Verirrungen immer wieder von Neuem fragt: Quid est veritas, Was ist Wahrheit? — Und in der That, eine solche Stimme gibt es auf Erden so gewiß, wie die Worte Jesu gewiß sind. Himmel und Erde werden vergehen, aber seine Worte und seine Verheißungen werden nicht vergehen. Jeder neue Zeitabschnitt und jedes kommende Geschlecht muß Zeugniß geben von der Erfüllung aller seiner Worte.

Er hat zu den Aposteln gesagt: „Gehet hin und lehret alle Völker!" Das ist der Auftrag, das ist das Lehramt. Ueberaus merkwürdig sind aber die Worte, welche der Einsetzung dieses Lehramtes vorausgehen und ihr folgen. Zuerst deutet Jesus hin auf die Vollmacht, mit der er selbst gelehrt und in der er auch Lehrer auf Erden bestellen kann. Deßhalb sagt er: „Mir ist alle Gewalt gegeben im Himmel und auf Erden." Da sprach er auch wieder Worte wie Einer, „der Macht hat" und wie keiner auf Erden vor oder nach ihm reden konnte. Und nachdem er dann in dieser göttlichen Vollmacht ihnen befohlen hatte, alle Völker zu lehren, fährt er fort: „Siehe, ich bin bei euch alle Tage bis zum Ende der Welt[1]." Hier steht Alles auf einer Linie: die Macht, mit der er Auftrag ertheilt, der Auftrag selbst und die Dauer desselben. Alles ist hier göttlich. Wir haben also ein von Gott gegründetes Lehramt; ein Lehramt, das für alle Völker und für alle Zeiten fortbestehen soll; ein Lehramt, dem der Beistand Gottes bis an's Ende der Welt verheißen ist. In diesem Lehramte redet also wahrhaftig Christus, Gott selbst, fort und fort zu den Menschen und wir hören Gottes Stimme, wenn wir die Stimme dieses Lehramtes hören. In diesem Lehramte ist mehr als Jeremias, dessen Mund Gott berührte und in den er seine Worte legte[2].

---

[1] Matth. 28, 18—20.

[2] Um Mißverständnisse über das Verhältniß des alten Prophetenthums und des Lehramtes der Kirche zu beseitigen, bemerken wir, daß die

Mit der Bestätigung dieses göttlichen Lehramtes wollte er aber auch sein ganzes Erlösungswerk auf Erden beschließen, denn alles wird ja von demselben getragen und ohne dasselbe wird alles, Christus selbst, uns ungewiß und seine ganze Lehre uns unklar und unbestimmt. Daher sprach er zu den Aposteln unmittelbar vor der Himmelfahrt: „Gehet hin in die ganze Welt und prediget das Evangelium aller Creatur! Wer glaubt (nämlich was ihr prediget) und getauft ist, wird selig werden; wer aber nicht glaubt, wird verdammt werden... Und der Herr Jesus ward, nachdem er zu ihnen geredet hatte, hinaufgenommen in den Himmel und sitzet zur Rechten Gottes[1].“ Welch ein Auftrag, welch ein erhabenes Amt, das er den Aposteln übertrug! Sie sollen gehen „in die ganze Welt,“ „predigen allen Creaturen.“ Welch eine furchtbare Bekräftigung der Autorität dieses Lehramtes, indem er von der gläubigen Annahme der Predigt der Apostel die Seligkeit und die Verdammung abhängig machte! Nachdem er mit diesem Auftrage allen Menschen, die durch seine Lehre selig werden sollten, die Verkündigung seiner Worte in ungetrübter Reinheit gesichert hatte, fuhr er gegen Himmel und sitzet zur Rechten Gottes, um von dort aus mit göttlicher Macht die Erfüllung der Worte zu beschützen, welche er auf Erden gesprochen hatte.

Daher konnte auch der göttliche Heiland schon früher zu den Aposteln sagen: „Wer euch hört, hört mich, und wer euch verachtet, verachtet mich. Wer aber mich verachtet, verachtet den, der mich gesandt hat[2]); — und bezüglich der Kirche: „Wer auf die Kirche nicht hört, der sei dir wie der Heide und öffentliche Sünder[3].“ Solche Aussprüche lassen sich nur erklären im Hinblick auf ein von ihm zu gründendes Lehramt, dem er nicht nur göttlichen Auftrag, sondern auch göttlichen Beistand gewährte.

Offenbarung in Christus erfüllt und abgeschlossen ist und daher die Kirche nicht wie die alten Propheten neue Offenbarungen verkünden kann. Die Ueberlegenheit des kirchlichen Lehramtes besteht also darin, daß die Offenbarung in Christus viel höher steht, als die in den Propheten, und daß das Lehramt der Kirche nicht wie das der Propheten für ein einziges Volk, sondern für alle Menschen und für alle Zeiten bestimmt ist.

1) Mark. 16, 15 f. 19. — 2) Luk. 10, 16. — 3) Matth. 18, 17.

Nach den Worten, die er bei Einsetzung des Lehramtes gesprochen hat, ist es jetzt vollkommen klar, wie er sagen konnte: „Wer euch hört, hört mich; wer euch verachtet, verachtet mich," — denn in dem Lehramte der Kirche, welches von ihm getragen wird, redet ja Christus wahrhaft zu den Menschen und zwar alle Tage bis ans Ende der Welt.

Da aber alle Menschen dem Irrthum unterworfen sind, und Menschen die Träger und Verkündiger seines irrthumslosen göttlichen Wortes sein sollten, so mußte Christus dafür sorgen, daß durch diese Träger seines Wortes seine Lehre nicht entstellt werden konnte. Das that er zunächst durch die Verheißung seines Beistandes bis an das Ende der Welt. Er wollte aber noch in einer andern Weise das Lehramt seiner Kirche vor Irrthum bewahren. Darum sprach er zu den Aposteln: „Ich werde den Vater bitten und er wird euch einen andern Tröster geben, damit er bei euch bleibe ewiglich: den Geist der Wahrheit, welchen die Welt nicht empfangen kann, weil sie ihn nicht sieht und ihn nicht kennt. Ihr aber kennet ihn, weil er bei euch bleiben und in euch sein wird[1)]" — und gleich darauf: „Der heilige Geist, welchen der Vater senden wird in meinem Namen, er wird euch alles lehren und euch alles nahelegen, was ich euch je gesagt habe[2)]." Wohl sind es Menschen, die das Lehramt in der Kirche besorgen, aber nicht sie sind es, sondern es ist der göttliche Beistand Jesu Christi, es ist der göttliche Beistand des heiligen Geistes, des Geistes der Wahrheit, auf den wir vertrauen, wenn wir unsern Verstand dem Glauben gefangen geben.

So konnte denn auch endlich der Heiland von seiner Kirche sagen, daß sie auf einen Fels gebaut sei und daß die Pforten der Hölle sie nicht überwältigen würden[3)] Die Pforten der Hölle, die uns Menschen, unsern Geist, unsere erhabenste Fähigkeit, die Wahrheit zu erkennen, bedrohen, sind die Macht der Lüge. Alles andere Uebel auf Erden käme nicht in Betracht, wenn die Lüge nicht wäre, diese Hölle in der Seele des Menschen, die Verfinsterung seines Geistes. Welche Macht hat die Lüge auf Erden! Alles wird von ihr angenagt, selbst die zarteste Pflanze im Geiste des Kindes. Alles, alles unterliegt dieser Höllenmacht, nur eins nicht, dieses göttliche Lehramt der Kirche, das

---

1) Joh. 14, 16 f. — 2) Joh. 14, 26. — 3) Matth. 16, 18.

immer unverrückbar, unerschütterlich dasselbe bleibt und das=
selbe lehrt.

Das ist also die Antwort auf unsere Frage. Schon im
Paradiese hat Gott zu den Menschen gesprochen und ihre Ver=
nunft geleitet; in den Propheten des alten Bundes hat er zu
dem auserwählten Volke gesprochen und es dadurch vor den
Gräueln der Verirrungen des Götzendienstes bewahrt; in Christus
ist Gott selbst erschienen und hat unmittelbar das Menschen=
geschlecht angeredet, um alle Seelen und alle Herzen, die auf
Erden guten Willens waren, wieder auf den wahren Weg zu
Gott hinzuleiten und durch Christus lehrt er in dem göttlichen
Lehramte der Kirche fort und fort die Menschen bis an das Ende
der Tage.

Folge, o menschliche Seele, dieser Stimme Gottes, die zu
dir redet, wenn du nicht alle Tage deines irdischen Daseins eine
Beute des Zweifels und endlich für ewig ein Raub des Lügen=
geistes werden willst.

IV.

Wie gelangt der Menſch zum Beſitz der wahren Lehre Chriſti,
zur ungetrübten Kenntniß der uns in Chriſtus angebotenen Heilswahrheiten? Der Proteſtant antwortet: Durch die Forſchung
in der heiligen Schrift; der Katholik antwortet: Durch das
unfehlbare Lehramt der Kirche und die innere Gnade. Wer
hat Recht in dieſer wichtigen, entſcheidenden Frage?

> „So kommt alſo der Glaube vom Hören, das Hören
> aber von der Predigt des Wortes Chriſti."
>
> Röm. 10, 17.

Ehe wir in unſerer Unterſuchung weiterſchreiten und das
Lehramt der Kirche, deſſen Stiftung durch Chriſtus wir zuletzt
betrachtet haben, nun auch in ſeiner Verwirklichung in der Ge-
ſchichte ins Auge faſſen, müſſen wir die oben aufgeſtellte Frage
beantworten. Dieſe Beantwortung wird uns tiefer in die Bedeutung und das rechte Verſtändniß des kirchlichen Lehramtes
einführen.

1. Was ſagt über dieſe entſcheidende Frage die heilige Schrift
ſelbſt, jene heilige Urkunde, welche wir mit den Proteſtanten als
göttliche Quelle der Offenbarung verehren; welche die Proteſtanten ſogar als die einzige Quelle derſelben und als den aus-
ſchließlichen Grund ihrer Lehre betrachten? Chriſtus wollte,
daß ſeine Lehre „allen Völkern," „allen Nationen," „aller Creatur," „bis ans Ende der Welt" ungetrübt kund werden ſollte.
Das iſt unzweifelhaft. Er mußte zur Erreichung dieſer Abſicht
geeignete Mittel anwenden, da er ſelbſt bald die Welt verlaſſen
wollte. Welches Mittel hat er nun nach dem Zeugniſſe der heiligen Schrift ſelbſt gewählt, damit ſeine Lehre allen bekannt werde
bis in die ſpäteſten Jahrhunderte, damit ſein Licht allen ungetrübt leuchte?

Dieses von Christus gewählte Mittel haben wir bereits kennen gelernt. Es ist das von ihm eingesetzte Lehramt. Es ist der von ihm den Aposteln gegebene Befehl: „Lehret alle Völker[1]," „prediget das Evangelium allen Geschöpfen[2]" „bis ans Ende der Welt[3]." Außer diesem finden wir kein anderes von Christus für die Verbreitung seiner Lehre erwähltes Mittel. Er redet immer nur von der Predigt seiner Lehre, um sie zu verbreiten, namentlich findet sich in allen seinen Reden und Anordnungen nie eine Andeutung davon, daß er sich dazu auch einer Schrift bedienen werde. Er hat selbst nur gepredigt und nie geschrieben. Er hat den Aposteln nur befohlen zu predigen und nie, seine Lehre niederzuschreiben. Alle seine Apostel haben deßhalb auch ihr ganzes Leben zur Verbreitung der Lehre Jesu mit Predigen zugebracht, aber nicht alle Apostel, nicht einmal die Mehrzahl von ihnen haben geschrieben. Sicher hätten alle Worte Jesu in Erfüllung gehen können, wenn auch von den Aposteln kein einziges Wort niedergeschrieben worden wäre. -

Ganz so wie sein Herr und Lehrmeister redet auch der Apostel Paulus nach dem Zeugniß derselben heiligen Schrift von dem Lehramt als Mittel, wodurch .die Lehre Jesu auf der Erde verbreitet und der Glauben gegründet werden soll. Wir können es uns nicht versagen, aus den vielen zwei Zeugnisse des heiligen Paulus im Zusammenhange anzuführen, um uns klar zu machen, in welcher Bedeutung er das Lehramt der Kirche auffaßte.

Die erste belehrende Stelle hierüber finden wir im Brief an die Römer[4]. Er stellt hier den Satz voraus: „Jeder, der den Namen des Herrn anruft, wird selig werden." Er meint hier denselben Namen, von dem er sagt: „Im Namen Jesu soll jedes Knie sich beugen im Himmel, auf Erden und unter der Erde, und jede Zunge soll bekennen, daß der Herr Jesus Christus in der Herrlichkeit Gottes des Vaters ist[5]." Wie kommen wir aber zu dieser Erkenntniß Jesu, um ihn dergestalt anzubeten und dadurch selig zu werden? Darauf gibt der Apostel eine entscheidende Antwort in einer Reihe von Schlußfolgerungen, indem er sagt: „Wie werden sie nun den anrufen, an den sie

---

1) Matth. 28, 19. — 2) Marc. 16, 15. — 3) Matth. 28, 20. — 4) Röm. 10, 13—17. — 5) Philipp. 2, 10 f.

nicht glauben? Oder wie werden sie an den glauben, von welchem
sie nicht gehört haben? Wie aber werden sie hören ohne einen
Prediger? Und wie können sie predigen, wenn sie nicht gesandt
werden?" Daraus zieht er dann den Schluß: „So kommt also
der Glaube vom Hören, das Hören aber von der Predigt des
Wortes Christi [1])." In dieser Schlußfolgerung hängt alles fest
zusammen wie die Glieder einer Kette. Wir haben hier
kein losgerissenes Wort des Apostels vor uns, sondern einen
abgeschlossenen Gedanken, wo ein Glied das andere stützt und er=
klärt. Er will das Mittel angeben, wodurch wir zum Glauben
an Christus kommen, nachdem er zuerst ausgesprochen hat, daß
wir nur durch Christus und dadurch, daß wir ihn anbeten, selig
werden können. Diese Anbetung ist aber, fährt er fort, unmög=
lich ohne Glaube; der Glaube unmöglich ohne Predigt; die Pre=
digt aber unmöglich ohne rechtmäßige Sendung. Daraus dann
der Schluß: Der Glaube also kommt vom Hören, das Hören
aber durch die Predigt und zwar durch die rechtmäßige Predigt
des Wortes Christi. So klar war der Apostel darüber, daß das
rechtmäßige Lehramt das wahre Mittel zur Begründung des
wahren und rechten Glaubens sei.

Die andere Stelle entnehmen wir aus dem Brief an die
Ephesier. Sie begreift fast das ganze vierte Capitel und erfaßt
das kirchliche Lehramt in seiner tiefsten Bedeutung zur Begründung
und Erhaltung der Einheit des Geistes in der Kirche und zur
Abwendung aller Spaltungen. Wir wollen versuchen, die Grund=
gedanken dieser ganz vom Geiste Gottes durchwehten Stelle kurz wie=
derzugeben. Der Apostel ermahnt zuerst die dortigen Christen, „ihres
Berufes würdig zu wandeln," „mit aller Demuth und Sanftmuth,
mit Geduld einander in Liebe zu ertragen" und so „die Einigkeit
des Geistes durch das Band des Friedens zu erhalten." Auf
diese „Einigkeit des Geistes" in der christlichen Kirche ist nun der
Gedanke des Apostels hier vor allem gerichtet. Darin findet er
insbesondere das „berufswürdige Wandeln" des Christen. Er
beginnt daher sofort alle jene Gnaden, welche wir im Christen=
thum empfangen und welche diese „Einigkeit des Geistes" be=
gründen, aufzuzählen. „Ein Leib und Ein Geist," „Eine Hoff=

1) Röm. 10, 13 ff.

nung" und Ein Beruf, „Ein Herr, Ein Glaube, Eine Taufe,
Ein Gott und Vater aller, der da ist über alle und durch alles
und in uns allen" — das sind die großen Titel, die großen Grundlagen der Einheit des Geistes im Christenthum. Dann geht der
Apostel dazu über, das Mittel anzugeben, wodurch unter uns
Menschen diese Einheit des Geistes begründet wird. Er erinnert
deßhalb daran, daß „einem Jeden unter uns Gnade verliehen ist
nach dem Maße, wie Christus sie gegeben hat;" und welche
Gnadengaben er hier meint, erklärt er sofort, indem er fortfährt:
„Und er selbst hat einige zu Aposteln, einige aber zu Propheten,
einige zu Evangelisten, einige aber zu Hirten und Lehrern verordnet." Hierauf gibt er ausdrücklich die Bestimmung dieser Einrichtung, dieser Bestellung von Hirten und Lehrern an. Sie
sollen dienen „zur Vollendung der Heiligen, zum Dienst des Amtes,
für die Erbauung des Leibes Christi, bis wir alle zusammen gelangen zur Einheit des Glaubens und der Erkenntniß des Sohnes
Gottes." Wie ist das Alles so erhaben, so tief, so göttlich! Der
Apostel fährt dann fort, diesen Gedanken näher zu beleuchten.
Durch diese Einrichtung, dieses Lehr- und Hirtenamt werden wir
innerlich bewahrt vor all' den unseligen Schwankungen, welchen
sonst unser Geist hingegeben ist, „damit wir nicht mehr Kinder
seien, die hin- und herfluthen und von jedem Winde der Lehre
umher getrieben werden durch die Schalkheit der Menschen, durch
Arglist in Verführung zum Irrthum, sondern daß wir Wahrheit
üben in Liebe und zunehmen in allen Stücken in ihm, der das
Haupt ist, Christus; durch welchen der ganze Leib zusammengefügt
und verbunden wird und mittelst aller Bande der Dienstleistung
nach der einem jeden Gliede zugemessenen Wirksamkeit sein
Wachsthum erhält zur Erbauung seiner selbst in Liebe." Dieser
erhabenen Einheit des Geistes in der Kirche unter dem einen
Haupte Jesus Christus, der selbst alle Glieder zusammen-
hält, aber nur „nach der einem jeden Gliede zugemessenen
Wirksamkeit," stellt er dann das Bild der geistigen Uneinigkeit
und Finsterniß jener Welt gegenüber, welche an diesem göttlichen Leben in Christus keinen Antheil hat, deren Anhänger
„wandeln in der Eitelkeit ihres Sinnes, deren Verstand mit
Finsterniß verdunkelt ist, die entfremdet sind dem Leben Gottes
wegen der Unwissenheit, die in ihnen ist wegen der Blindheit
ihres Herzens, die in Verzweiflung sich der Wohllust ergaben, un-

erjättlich in Verübung aller Unzucht [1])." Das ist die Antwort des heiligen Apostels über das Mittel, wodurch Christus die Einheit des Geistes und die Erkenntniß seiner wahren Lehre in der Christenheit erhält. Es ist die Kirche; es ist jene Kirche, die der lebendige Leib Christi selbst ist, in welcher Christus wirkt durch eigene göttliche Kraft, in welcher er aber nur wirkt in und durch den Organismus mittelst der Abstufung der verschiedenen Glieder, welche er in ihm gegründet hat. Zu diesen Abstufungen und Gliederungen des geheimnißvollen Leibes Christi gehört aber das Amt der Apostel, der Hirten und Lehrer. Wie voll, lebendig und göttlich ist dieses Mittel zur Erhaltung der Lehre Jesu auf Erden! Wie nüchtern, arm und leer, wenn wir diesem lebendigen Organismus ein todtes Buch als Mittel zu diesem Zweck entgegenstellen!

So antwortet die heilige Schrift selbst auf die aufgestellte Streitfrage zwischen Katholiken und Protestanten. Sie antwortet uns: Nicht ich bin das von Christus gewählte Mittel, um allen Menschen zum Besitze der wahren Lehre Jesu Christi zu verhelfen, sondern das Lehramt in der Kirche ist dieses Mittel. Es bleibt überaus denkwürdig, daß der Protestantismus nicht im Stande ist, den ersten Grundsatz seines Lehrgebäudes, daß die heilige Schrift die einzige Quelle der Lehre Jesu sei, aus der heiligen Schrift zu beweisen; und daß deßhalb dieser erste Grundsatz, auf dem alles ruht und auf den alles ankommt, einen unlösbaren Widerspruch mit dem ganzen Princip des Protestantismus enthält.

2. Was sagt aber die Kirche selbst über das Mittel, das Christus gewählt hat, um seine Lehre allen Menschen zugänglich zu machen.

Wir wollen ihre Antwort dem Katechismus entnehmen, dem Lehrbuch für das Volk. Sie trägt in dieser einfachen Form am Einleuchtendsten den Charakter ihrer Wahrheit. Nach der Lehre über die heilige Schrift als der einen Quelle der Offenbarung, fährt der Katechismus fort:

„Ist es genug, wenn wir nur das glauben, was in der heiligen Schrift steht? — Nein; wir müssen ebenso die Erblehre oder Ueberlieferung glauben, d. h. jene geoffenbarten Wahrheiten,

---

1) Ephes. 4, 1—19.

welche die Apostel zwar geprebigt, aber nicht niebergeschrieben haben. Darum ermahnte der heilige Paulus schon die ersten Christen: ‚So stehet denn fest, Brüder, und haltet an den Ueber= lieferungen, die ihr erlernt habt, es sei durch Wort oder durch Brief von uns‘ [1].“ Er fährt fort:

„Haben denn die Apostel nicht alle Lehren Jesu aufge= schrieben? — Nein; die Apostel haben weder alle Thaten noch alle Lehren Jesu aufgeschrieben. ‚Jesus hat noch viele andere Zeichen vor den Augen seiner Jünger gethan, welche nicht in diesem Buche geschrieben sind‘ [2].“

„Warum haben die Apostel nicht alle Lehren Jesu aufge= schrieben? — Weil Jesus wollte, daß seine Religion sich durch die Predigt verbreite und fortpflanze: darum sprach er zu sei= nen Aposteln: ‚Predigt das Evangelium allen Geschöpfen [3]‘ und ‚Wer euch hört, der hört mich [4].‘ Darum sagt auch der heilige Paulus: ‚Der Glaube kommt vom Anhören, das Anhören aber von der Predigt des Wortes Christi [5].‘ Wenn der Heiland wollte, daß seine Lehre blos durch Bibellesen sich verbreite und erhalte, warum schrieb er denn nicht selbst? warum gab er seinen Aposteln nicht den Auftrag zu schreiben? warum schrieben sie erst spät und nur gelegentlich? warum nicht alle? nicht einmal die meisten? warum hat er selbst Lehrmeister in der Kirche aufge= stellt [6]? warum gebot er nicht, lesen zu lernen? Und wie konn= ten denn, wie der heilige Irenäus bezeugt, mehrere christliche Völ= kerschaften bestehen, welche die heiligen Schriften nicht einmal besaßen?“

„Ist es also nicht genug, wenn wir uns blos an die Bibel halten? — Nein; wir müssen auch die katholische Erblehre an= nehmen; denn es steht nicht in der Bibel: erstens, welches die ächten Bücher der heiligen Schrift sind; und zweitens, welches die rechte Auslegung derselben ist; drittens sind auch nicht alle Glaubensartikel und Gebote vollständig darin enthalten, z. B. von der giltigen Taufe der Kinder, von der Feier des Sonn= tags anstatt des Sabbats u. s. w.“

„Was muß demnach der katholische Christ überhaupt glau= ben? — Er muß alles glauben, was Gott geoffenbart hat und

---

1) II. Thess. 2, 14. — 2) Joh. 20, 30. — 3) Mark. 16, 15. — 4) Luk. 10, 16. — 5) Röm. 10, 17. — 6) I. Kor. 12, Eph. 4.

die katholische Kirche zu glauben vorstellt, es mag dasselbe in der heiligen Schrift enthalten sein oder nicht."

„Warum ist es nothwendig, daß die katholische Kirche uns die geoffenbarten Wahrheiten vorstelle? — Weil wir nur durch die katholische Kirche unfehlbar wissen können, was Gott geoffenbart hat."

Der Nachdruck in dieser Antwort liegt ganz auf dem Wörtchen „unfehlbar;" denn das ist die große Frage, nicht blos ob Gott zu den Menschen gesprochen hat, was wir mit den gläubigen Protestanten gemeinschaftlich annehmen, sondern ob wir auch ein sicheres, ja ein unfehlbares Mittel, also ein nicht blos natürliches, sondern übernatürliches Mittel haben, um das was Gott gesprochen hat, zu erfahren. Der Katechismus fährt fort:

„Warum können wir nur durch die katholische Kirche unfehlbar wissen, was Gott geoffenbaret hat? — Weil wir erstens nur von der katholischen Kirche die Schrift- und Erblehre haben, welche die göttlichen Offenbarungen enthält, und zweitens durch sie allein den wahren Sinn der Schrift- und Erblehre kennen lernen [1])."

„Warum heißt das kirchliche Lehramt unfehlbar? — Weil es durch den Beistand des heiligen Geistes weder in seiner Glaubens- noch Sittenlehre irren kann."

„Von wem haben wir die Versicherung, daß das kirchliche Lehramt nicht irren kann? — Von Christus selbst, der uns die dreifache Verheißung gegeben hat: erstens, daß „er bei ihm (dem Lehramte) sein werde alle Tage bis an's Ende der Welt [2]);" zweitens, daß „der Geist der Wahrheit bei demselben bleiben werde in Ewigkeit [3]);" drittens, daß „die Kirche niemals von der Hölle überwältiget werden wird [4])." Wer demnach behauptet, die katholische Kirche sei im Verlaufe der Zeit in Irrthum verfallen, der lästert Gott, als habe er gegen seine ausdrückliche Verheißung zugelassen, daß die Kirche vom Geiste der Lüge und somit von der Hölle überwältiget würde."

„Wie wird die Kirche ihrer Unfehlbarkeit wegen vom heiligen Paulus genannt? — Sie wird „die Säule und Grundveste der Wahrheit [5])" genannt [6])."

---

1) Katholischer Katechismus für das Bisthum Mainz, S. 52—54. — 2) Matth. 28, 20. — 3) Joh. 14, 16. 17. — 4) Matth. 16, 18. — 5) 1. Timoth. 3, 15. — 6) A. a. O. S. 92 f.

„Darf also Niemand die Schrift oder Erblehre dem Sinne der katholischen Kirche zuwider auslegen? — Nein; denn das hieße Schrift und Erblehre besser verstehen wollen, als der heilige Geist, welcher die Kirche in den wahren Sinn derselben einführt."

„Ist aber die heilige Schrift nicht klar und für Jedermann verständlich? — Nein; denn die heilige Schrift ist ein göttliches und geheimnißvolles Buch, „worin manches schwer zu verstehen ist, welches ungelehrte und leichtsinnige Menschen zu ihrem eigenen Verderben mißdeuten [1])."

„Was hat die Kirche über das Bibellesen in der Volkssprache verordnet? — Erstens, daß man die dazu nöthige Kenntniß und Frömmigkeit besitzen soll; zweitens, daß die Uebersetzung mit kirchlicher Gutheißung und mit bewährten Erläuterungen versehen sein soll. Durch diese weise Anordnung will die Kirche den Gläubigen Gottes Wort keineswegs vorenthalten, da sie nichts sehnlicher wünscht, als daß alle dasselbe wissen und beherzigen; ihre Absicht ist nur, sie vor verfälschten Bibeln, die oft Unwissenden absichtlich angeboten werden, und vor irriger Auslegung, vor Secten und Spaltungen zu bewahren [2])."

So belehrt der katholische Katechismus das katholische Volk über die beiden Quellen, aus denen wir die Lehre Jesu schöpfen, und über die Stellung des kirchlichen Lehramtes zu denselben. Wir wollen kein Wort beifügen, da hier alles so klar, so einfach, so folgerichtig ist, daß eine Erklärung nur den Inhalt verdunkeln könnte.

3. Wir müssen aber auch unsere Vernunft über unsere Streitfrage bezüglich des Mittels, um zum Besitz der wahren Lehre Jesu zu kommen, befragen. Auch sie bezeugt, daß wenn es einmal Gottes Wille war, sich den Menschen auf übernatürliche Weise zu offenbaren, also anders und vollkommener als durch die Vernunft allein, ein vieldeutiges Buch unmöglich Träger dieser Offenbarung sein kann. Das anzunehmen, ist in vollem Widerspruch mit dem allein denkbaren Zweck einer solchen Offenbarung [3]).

---

1) 2. Pet. 3, 16. — 2) A. a. O. S. 54 f.

3) S. Möhler's Symbolik §. 36: „Gegensätze in der Lehre von der Kirche," wo diese Gedanken weiter entwickelt sind. Alle unsere Leser,

Die gläubigen Protestanten und wir Katholiken sind darin einig, daß die heilige Schrift Gottes Wort ist, Gottes untrügliches Wort. Die heilige Schrift ist also an sich irrthumslos wie Gott selbst. Dadurch aber sind wir nicht irrthumsfrei. Das werden wir erst, wenn wir das irrthumslose Wort Gottes auch unverfälscht und rein, ohne Beimischung von Irrthümern, in uns aufnehmen. Besitzen wir nun ein solches Mittel, um das irrthumslose Wort Gottes auch irrthumslos in unseren Geist aufzunehmen? Das ist die entscheidende Frage; denn was nützt mir persönlich alle Offenbarung, wenn ich kein unfehlbares Mittel habe, sie mir anzueignen? wenn ich es nur mit dem Zweifel besitzen kann, ob ich es auch rein, lauter und wahr in meiner Seele trage?

Wie lautet nun die Antwort auf diese entscheidende Frage?

Sie lautet: Ja, wenn wir ein göttliches, unfehlbares Lehramt haben, wie die katholische Kirche lehrt; sie lautet: Nein, wenn wir die heilige Schrift allein besitzen, wie die Protestanten behaupten.

Die heilige Schrift allein ohne untrügliche Erklärung ihres Inhaltes ist offenbar kein Mittel, um über ihren Inhalt mit Ausschluß jeden Zweifels gewiß zu werden. Sie ist zunächst ein stummes und todtes Buch, Papier und gedruckte Buchstaben, die erst Geist und Leben bekommen durch die Deutung, die unser Geist ihnen gibt. Wenn nun mein Geist bei dieser Deutung ganz auf sich angewiesen ist, wie kann dieser dem Irrthum unterworfene Geist mir die volle Gewißheit bieten, daß er sich bei Deutung der Worte der Schrift nicht irrt, daß er die unfehlbare Wahrheit auch mir unfehlbar darstellt? Unmöglich! Ein dem Irrthum unterworfener Geist kann nimmermehr ein irrthumsloser Ausleger des Inhaltes der göttlichen Offenbarung sein. Hiergegen sind nur vier Ausflüchte möglich. Entweder

---

die Möhler's Symbolik nicht kennen, möchten wir recht dringend bitten, dieses in seiner Art einzige Buch zu lesen, ja zu studiren. Wir können nur mit Dankbarkeit daran denken, was wir diesem Buche, welches wir bei seinem ersten Erscheinen wiederholt gelesen haben, verdanken. Nicht nur Theologen, sondern alle, welche tiefer eindringen wollen in das Verständniß der Gegensätze zwischen Katholiken und Protestanten, sollten sich mit dem Inhalte desselben genau bekannt machen.

man muß annehmen, daß Gott den irrthumsfähigen Geist des Einzelnen bei diesem Geschäfte der Auslegung der heiligen Schrift vor Irrthum bewahre. Dann nimmt man aber zahllose Wunder an, um einem Wunder, nämlich der göttlichen Leitung des Lehramtes der Kirche zu entgehen. Dann müßten ferner auch alle Menschen in der Auslegung des Wortes Gottes übereinstimmen, weil ja derselbe göttliche Geist allen dasselbe sagen müßte, was offenbar nicht der Fall ist. — Oder man muß annehmen, daß die heilige Schrift so klar sei, daß sie unmöglich anders als dem einen richtigen Sinne nach verstanden werden könne; was ebenso in Widerspruch mit der Wirklichkeit steht und im Angesicht der zahllosen vorhandenen Spaltungen über diesen einen richtigen Sinn kein vernünftiger Mensch behaupten kann. — Oder man muß sich inconsequent werden und, nachdem man unter dem Vorwande, daß die heilige Schrift die einzige Quelle des Glaubens sei, das Lehramt der Kirche geleugnet hat, nun doch wieder ein Lehramt mit Symbolen und Bekenntnißschriften neben der heiligen Schrift zu Hilfe nehmen, um sich gegen die willkürlichen Deutungen derselben zu wehren. Das ist die große Inconsequenz des gläubigen Protestantismus. — Oder endlich man muß daran verzweifeln, das untrügliche Wort Gottes sich in einer untrüglichen Weise aneignen zu können. Damit ist aber der allein denkbare Zweck der Offenbarung aufgegeben. Denn was kann es mir nützen, wenn zwar Gott zu den Menschen gesprochen hat, um sie vom Zweifel zu befreien und ihnen die Gewißheit der Wahrheit zu geben, wenn meine Seele aber kein Mittel besitzt, um mir diese Wahrheit anzueignen, und wenn sie deßhalb verurtheilt ist, trotz dem Sprechen Gottes, im Zweifel, dieser tiefsten Qual der Seele, fortzuleben.

Wir wollen dasselbe von einer anderen Seite betrachten, um noch tiefer in das Verständniß der Wahrheit einzudringen, daß die heilige Schrift allein von einem weisen Gotte nicht zum Vermittler der göttlichen Offenbarung bestimmt sein konnte.

Gott hat sein unendliches Wesen in dreifacher Weise den Menschen zu erkennen gegeben. Erstens durch die sichtbare Welt. In dieser Hinsicht sagt der Apostel Paulus: „Das Unsichtbare an ihm ist seit Erschaffung der Welt in den erschaffenen Dingen erkennbar und sichtbar, nämlich seine ewige Kraft und

Gottheit[1])." Zweitens hat Gott sich den Menschen offenbart in übernatürlicher Weise. Das ist jene Offenbarung, welche der Apostel Paulus bezeichnet als „Gott redend zu unseren Vätern in den Propheten, zuletzt in diesen Tagen durch seinen Sohn[2])." Endlich drittens offenbart sich Gott in uns, in unserem Geiste, durch die natürlichen Fähigkeiten unserer Seele, durch das Gewissen, die Vernunft. Diese innere Offenbarung Gottes hat aber eine doppelte Aufgabe: sie ist erstens eine wahre Offenbarung in uns, ein Zeugniß unserer Seele für Gott; sie ist zweitens das Organ, das Werkzeug, wodurch wir die äußere, natürliche wie übernatürliche Offenbarung Gottes in uns aufnehmen. Auch die übernatürliche Offenbarung, auch die Stimme Gottes, die uns anredet, hat keinen anderen Weg zur Seele, als die Vernunft des Menschen. So hat Gott es eingerichtet; an dieses Gesetz hat er sich selbst gebunden. Dadurch entsteht nun die große Schwierigkeit für die untrügliche Aufnahme einer göttlichen Offenbarung. Dieses Organ, dieses Werkzeug, welches die äußere Offenbarung aufnimmt und unserer Seele vermittelt, unserer Seele zuträgt, ist nicht unfehlbar, untrüglich, sondern vielmehr in hohem Grade dem Zweifel und dem Irrthum ausgesetzt, namentlich in den höchsten und tiefsten Fragen der Seele.

Das ist der Zustand unserer Seele, der Zustand, in welchem wir uns befinden, wenn Gott sich uns offenbart. Denken wir nun wieder an die aufgestellte Frage, um sie hier im tiefsten Grunde unserer Seele zu entscheiden. Wir haben gefragt: Wie gelangt der Mensch zum ungetrübten Besitz der Lehre Jesu? Der Protestant sagt: Durch die Forschung in der heiligen Schrift; der Katholik: Durch das unfehlbare Lehramt der Kirche und die innere Gnade. Wer hat Recht? Welche Antwort kann der Seele Gewißheit bringen über den Besitz der geoffenbarten Wahrheit?

Offenbar nicht die protestantische Antwort. Ein fehlbares Organ kann ohne Hilfe nicht das Mittel sein, um etwas an sich Unfehlbares, an sich Vollkommenes, in demselben Zustand zu vermitteln. Machen wir uns die Sache durch einige Beispiele klar.

Denken wir uns den Notentext eines überaus vollkommenen Tonstückes. Mag die Harmonie, die in diesen Notenzeichen ange-

---

1) Röm. 1, 20. — 2) Hebr. 1, 1 f.

beutet ift, an fich noch fo vollendet und herrlich fein, wenn uns nur ein fchlechtes, fehlerhaftes Inftrument zur Verfügung fteht, fo wird es nie gelingen, diefelbe rein und in ihrer ganzen Schön= heit zur Darftellung zu bringen. Wer nun die Töne hört, die das falfche Inftrument hervorbringt, wird nimmermehr ein Ver= ftändniß erlangen von der Erhabenheit des Mufikftückes, welches in den Noten enthalten ift. Ganz daffelbe gilt von der Deutung der heiligen Schrift nach der Lehre des Proteftantismus. In einem ähnlichen Verhältniß wie die Noten zur Melodie, ftehen die gedruckten Worte zu dem geiftigen, göttlichen Inhalt der hei= ligen Schrift. Wenn nun der Menfch nur ein fchwaches, dem Irrthum unterworfenes Inftrument befitzt, um diefen göttlichen Inhalt zu erheben, fo ift das, was er gewinnt, fo wenig daffelbe, was in jenen Worten liegt, als die Töne des fchlechten Inftru= mentes zufammenfallen mit der Harmonie, die in den Noten enthalten ift. Der confequente Proteftant hat alfo keine Gewiß= heit dafür, daß feine Anficht von dem chriftlichen Glauben mit der Lehre Jefu zufammenfällt, und kann fie nicht haben.

Noch ein anderes Beifpiel, welches der geiftigen Thätigkeit der Seele nahe fteht, weil es das natürliche Bild des geiftigen Erkennens ift, nämlich die Sehkraft unferes Auges. Sie ruht auf ähnlichen Gefetzen wie das Sehen unferes Geiftes. Mag es noch fo viele fichtbare Dinge geben, fie find jedem von uns nur ficht= bar durch unfer Auge, wie auch die geiftigen Dinge uns nur fichtbar find durch unfere Vernunft. Diefe dem Auge felbft anhaftende eigene Sehkraft kann aber auch vermehrt werden, fo daß das Auge ein höheres Sehvermögen erhält, als es, auf fich angewiefen, befitzt; es kann durch Inftrumente weit über feine natürlichen Kräfte hinaus verfchärft werden. So z. B. ift das unbewaffnete Auge allzu fchwach, um die Beobachtungen am geftirnten Himmelsgewölbe mit der Sicherheit anzuftellen, welche erfordert ift, um ein Syftem von Gefetzen für die Bewegung der Himmelskörper, worin eben die Wiffenfchaft der Sternkunde be= fteht, aufzuftellen und zu vertheidigen. In der That ver= dankt ja die Aftronomie den größten Theil ihres heutigen Fortfchrittes den verbefferten Inftrumenten. Solche Mittel, die Sehkraft zu erhöhen, find zwar an fich natürliche Mittel, dem Auge gegenüber find fie aber etwas Aehnliches, wie die übernatürlichen Erkenntnißmittel, wodurch der Geift des Menfchen

über seine natürlichen Kräfte erhoben wird, der Vernunft gegen=
über. Das Auge bleibt aber immer für den Menschen das
Organ alles Sehens, wenn es auch durch solche Mittel verschärft
worden ist. Wenn deßhalb das Auge selbst schadhaft ist, so be=
kommt der Mensch nie ein objectiv richtiges Bild von den sichtbaren
Dingen. So ist es auch mit der Offenbarung und dem Geiste der
Menschen. Ohne allen Zweifel ist die heilige Schrift Gottes Wort,
ohne allen Zweifel ist dieses Wort ewig wahr und unfehlbar.
Hat aber der Mensch, um diese göttliche Wahrheit innerlich zu
schauen und sich dadurch anzueignen, kein anderes Mittel, als dieses
schwache Auge der Vernunft, dann muß er immer in Zweifel
bleiben, dann kann er nie Gewißheit haben, daß das, was er
innerlich schaut, mit der göttlichen Wahrheit übereinstimmt. Wir
wiederholen: Der Protestant muß ewig zweifeln, wenn er con=
sequent sein will.

Wie ganz anders, wenn wir die Frage, wie der Mensch zum
untrüglichen Besitz der Lehre Jesu gelangt, nach der katholischen
Lehre beantworten. Sie sagt uns, daß zum Glauben e r s t e n s
die innere Gnade, z w e i t e n s eine untrüglich richtige äußere
Darstellung der Glaubenswahrheit erfordert wird. Jene soll die
Vernunft e r s t e n s von ihrer Schwäche befreien, z w e i t e n s ihre
Erkenntnißkraft in übernatürlicher Weise erheben und erleuchten
zur Aufnahme übernatürlicher Wahrheiten. So wird die Ver=
nunft geeignet, ein Instrument für das Wort Gottes zu sein; so
ist sie befähigt, das was ihr äußerlich geboten wird, innerlich rein
und unverfälscht darzustellen. Aber das genügt noch nicht allein,
um die Lehre Jesu untrüglich zu besitzen. Nachdem durch die
Gnade die Seele zur innerlichen Aufnahme der Wahrheit befähigt
ist, muß auch jetzt die Lehre Jesu in voller Reinheit, wie sie
Jesus selbst gelehrt hat, dem Auge der Seele vorgehalten
werden. Das aber geschieht durch das unfehlbare Lehramt. Auf
diesem Wege kann die Seele von allem Zweifel befreit werden
und zum frohen, glückseligen Glauben, zum truglosen Besitz der
Lehre Jesu gelangen.

Das antwortet die Vernunft. Sie kann uns nicht a priori
sagen, daß Gott sich geoffenbart hat. Das kann sie nur als eine
Thatsache erfassen und außerdem die Nützlichkeit, Möglichkeit, ge=
wissermaßen die Nothwendigkeit der Offenbarung nachweisen; sie
kann uns aber sagen, daß wenn sich Gott geoffenbaret hat, um

die Menschen vom Irrthume zu befreien, er ihnen auch ein sicheres
Mittel geben mußte, die Offenbarung irrthumsfrei finden zu
können; sie kann uns sagen, daß die Annahme des Gegentheils,
daß die Offenbarung Gottes ohne ein solches Mittel, ein Wider=
spruch gegen die Weisheit Gottes wäre; sie kann uns endlich
sagen, daß nur das Mittel, welches die katholische Kirche zu be=
sitzen behauptet, wahrhaft dem Zwecke der Offenbarung, dem Zu=
stande der Seele und dem Bedürfnisse der Menschheit entspricht.

4. Was sagt endlich die Erfahrung der letzten drei Jahr=
hunderte über unsere Frage? Was hat die Vernunft ohne
Lehrautorität aus der heiligen Schrift und ihrem göttlichen In=
halte gemacht? Hat sie dieselbe treu als Gottes Wort bewahrt?
Ist die heilige Schrift, nur ihr überlassen, ein Mittel geworden,
um die Absicht Jesu, daß alle Völker und alle Geschlechter die
Lehre Jesu ungetrübt kennen lernen sollten, zu erreichen, um
alle Menschen in der Einheit dieses glückseligen Glaubens zu ver=
einigen? Wenn je eine Thatsache durch die Ereignisse der Ge=
schichte festgestellt worden ist, so ist es die, daß diese beiden Zwecke
durch die Lehre des Protestantismus nicht erreicht worden sind.

Die sich selbst überlassene Vernunft hat die göttlichen Ur=
kunden des Christenthums und ihren Inhalt nicht treu bewahrt
und nicht von Geschlecht zu Geschlecht das göttliche Ansehen dieser
Bücher und ihren göttlichen Inhalt allen Völkern zugetragen, sie
hat es vielmehr ebenso gemacht, wie mit den natürlichen von
Gott ihr anvertrauten Wahrheiten. Sie hat dieses göttliche
Erbe nicht dem Menschengeschlechte erhalten, sondern wahrhaft
verschwendet. In welchem Zustande bekommen jetzt die Menschen,
unsere Zeitgenossen, unsere Nachkommen dieses göttliche Erbe! Vom
Zweifel innerlich und äußerlich angenagt und zerfressen, unfähig,
einen großen, weltüberwindenden, festen Glauben in den Seelen der
Menschen zu begründen. Kein Buch, ja keine Seite, ja fast keinen Buch=
staben hat die zweifelnde Kritik unversehrt gelassen. Das gilt noch
mehr von dem Inhalte. Keine Lehre ist verschont geblieben. Zuerst
hat man unterschieden zwischen wesentlichen und unwesentlichen Leh=
ren und damit einen beliebigen Theil beseitigt; dann hat man unter=
schieden zwischen der Lehre der ersten und der späteren Jahr=
hunderte und damit abermals ganz nach Willkür entfernt, was
man wollte; endlich ist man ins innerste Heiligthum des Christen=
thums eingedrungen und hat selbst die Gottheit Christi und die

Göttlichkeit seines Wortes mit frecher unheiliger Hand angetastet; ja, was das Entsetzlichste ist, durch diese heilige Schrift ohne Lehr= autorität ist es dahin gekommen, daß alle Lehren, welche nach der Darstellung des heiligen Apostels Johannes[1]) gerade das Wesen des Antichristenthums ausmachen, jetzt unter dem Scheine des Christenthumes auftreten. Alles, was je der Lügengeist zum Kampf gegen das Reich Gottes auf Erden ausgesprochen hat, wird jetzt aus der heiligen Schrift, die der Willkür, der subjectiven Deutung schutzlos übergeben ist, unter dem Scheine des Wortes Gottes selbst gelehrt. In diesem Zustande befindet sich die göttliche Ur= kunde des Christums. So innerlich und äußerlich zerrissen, ent= stellt, soll sie in dem Herzen der heranwachsenden Generationen jenen christlichen Glauben gründen, der die Welt umgestaltet. O Gott, wie wäre das möglich! Wenn es kein anderes Mittel für das Christenthum gäbe als dieses, dann wäre es mit dem Christen= thum und mit der Lehre Jesu zu Ende. Der weltüberwindende Glaube, dieser Christenglaube, der mit Freude für seine Ueber= zeugung in den Tod geht, kann nicht in den Herzen gepflanzt werden, mit diesem an sich so hochheiligen Buche, das aber bis zum letzten Gedanken vom Zweifel angenagt und angefressen zu dem Herzen des Volkes und vor allem der Jugend gelangt.

Die sich selbst überlassene Vernunft als Trägerin der hei= ligen Schrift hat ebenso wenig, wie sie die Urkunden selbst treu bewahren konnte, das andere Ziel der Erlösung, die Vereinigung und Verbindung der Menschen zu erreichen vermocht. Auch das bekunden die Zustände unserer Zeit. Der Protestantismus hat seine Einheit, so weit sie noch besteht, nicht, wie es sein sollte, der innern Uebereinstimm= ung in den Wahrheiten des christlichen Glaubens, sondern den histori= schen Verbänden, die noch geblieben sind, und namentlich dem daraus noch fortbestehenden staatlichen Einflusse. zu verdanken. Wo die= ser wegfällt, wird das Wort Gottes nicht mehr ein Bindemittel, sondern ein Mittel endloser Zersplitterung, wie das die zahllosen Secten, die allein in Amerika bestehen, kundgeben.

So bestätigt also auch die Erfahrung der letzten dreihundert Jahre in ihren beklagenswerthen Resultaten, daß die heilige Schrift allein und ohne Lehrautorität nicht das Mittel sein kann, um untrüglich und gewiß zum Besitze der wahren Lehre Jesu und der von ihm den Menschen dargebotenen Heilswahrheiten zu gelangen.

---

1) 1. Joh. 2, 22; 4, 3; II. Joh. 7.

V.

Das Lehramt der Kirche in der apostolischen Zeit und in den folgenden Jahrhunderten.

„Als diese nun dem Herrn den heiligen Dienst ver-
richteten und fasteten, sprach der heilige Geist zu ihnen:
Sondert mir ab den Saulus und Barnabas
zu dem Werke, wozu ich sie aufgenommen habe. Alsdann fasteten und beteten sie und legten ihnen die
Hände auf und ließen sie ziehen. Diese nun ausgesandt vom heiligen Geiste, zogen nach Seleucia."
Apostelgesch. 13, 2 ff.

Wir haben die Einsetzung eines Lehramtes durch Christus
betrachtet. Es war die letzte That seines Verweilens auf Erden,
weil es das Mittel sein sollte, um seine Lehre bis an das Ende
der Welt allen Völkern ungetrübt zu erhalten. Wir haben dann
zur näheren Begründung und Einsicht in diese Veranstaltung Jesu
gesehen, daß die heilige Urkunde der Christenheit, die heilige
Schrift allein, nicht, wie die Protestanten lehren, ein für diesen Zweck
geeignetes Mittel sein konnte. Wir müssen jetzt betrachten, wie
sich diese Einrichtung Christi in den ersten Zeiten des Christenthums verwirklicht hat. Die Worte Jesu waren ein Senfkörnlein,
das er aussäete und welches wachsen soll. Das Wachsen dieses
Senfkörnleins der Einsetzungsworte des Lehramtes müssen
wir jetzt prüfen, namentlich wie gleich im Anfange in der apostolischen Zeit und den ersten Jahrhunderten das lebendige Bewußtsein vorhanden war, daß die Lehre Jesu durch die im Auftrag
und in der Vollmacht Jesu geübte Predigt sich in der ganzen
Welt verbreiten sollte.

1. Dieses Bewußtsein erfüllte ganz die Apostel, wie uns
die Apostelgeschichte erzählt. Ihr ganzes Wirken beweist, daß sie
von der Ueberzeugung durchdrungen waren, mit der göttlichen
Sendung beauftragt zu sein, die Lehre Jesu allen Menschen

durch Predigt zu verkünden. Das verhältnißmäßig Wenige, was Einige von ihnen schrieben, war nur ein Act der Uebung ihres Predigtamtes. Die Predigt ist ihr göttliches Amt, das Nieder=schreiben einiger Lehren nur eine besondere Art und Weise, ihr Predigtamt zu üben. Das war in der apostolischen Zeit, das ist noch heute das Verhältniß der heiligen Schrift zum Lehramte der Kirche. Das Lehramt ist gleich einem lebendigen Strome der geoffenbarten Wahrheit, der seinen Lauf nimmt von den Worten Jesu: „Lehret,“ „prediget“ „bis an das Ende der Welt!“ und von der Gegenwart Jesu und der Kraft des heiligen Geistes getragen, sich durch alle christlichen Zeiten ergießt. Die hei=lige Schrift dagegen gehört in dieses Lehramt als ein wesent=licher Bestandtheil desselben, welcher von diesem lebendigen Strome nie getrennt werden darf.

Als Apostel, Sendboten, Missionäre sehen wir jene Männer von Christus berufen, die ihm für diesen Zweck dienen sollten[1]). Als Apostel, Prediger treten sie auf, nachdem sie vom heiligen Geiste zur Vollbringung ihres Predigeramtes gestärkt worden waren[2]). Gleich am Pfingsttage tritt Petrus mit den Erstlingen des kirchlichen Predigeramtes auf. Alle jene Christen, welche die erste christliche Gemeinde in Jerusalem bildeten und das Vorbild aller christlichen Gemeinden geworden sind, sie sind der Lehre Jesu gewonnen durch das Predigeramt, lange bevor ein einziges Wort der heiligen Schrift des neuen Bundes niedergeschrieben war. Vor Gericht gestellt und befragt: „Haben wir euch nicht strenge geboten, nicht mehr zu lehren in diesem Namen? Und siehe, ihr habt Jerusalem angefüllt mit eurer Lehre und wollet das Blut dieses Menschen über uns bringen“ — antworteten Petrus und die Apostel im Bewußtsein ihrer göttlichen Sendung: „Man muß Gott mehr gehorchen als den Menschen. Der Gott unserer Väter hat Jesum auferweckt, den ihr ans Holz gehängt und getödtet habt. Ihn hat Gott zum Fürsten und Heiland erhöht. Und Zeugen dieser Dinge sind wir und der heilige Geist, den Gott allen, welche ihm gehorchen, verliehen hat[3]).“

Auf diesen Ehrentitel, Apostel, Prediger der Lehre Christi zu sein, berufen sich die Apostelfürsten in ihren Briefen. „Paulus, Diener Jesu Christi, berufener Apostel, auserwählt für

1) Matth. 10, 2. — 2) Apostg. 2, 14—40. — 3) Apostg. 5, 28—32.

das Evangelium Gottes" ist der Beginn des Briefes an die Römer [1]. Ebenso nennt er sich in dem ersten Briefe an die Corinther: „Paulus, berufener Apostel Jesu Christi durch Gottes Willen, ... an die Kirche Gottes, die zu Corinth ist [2]). In dem zweiten: „Paulus, Apostel Jesu Christi durch den Willen Gottes, an die Kirche Gottes zu Corinth [3]).“ An die Galater: „Paulus, Apostel nicht von Menschen, noch durch einen Menschen, sondern durch Jesus Christus und Gott den Vater, der ihn auferweckt hat von den Todten [4])“ u. s. w. in derselben Weise fast in jedem seiner Briefe. So schreibt der heilige Petrus: „Petrus, Apostel Jesu Christi [5]);“ „Simon Petrus, Diener und Apostel Jesu Christi [6]).“

Ein lebendiges Bild dieses Apostolates, wodurch die Apostel zugleich Zeugen für Christus waren, entwirft auch der heilige Johannes in seinem ersten Briefe: „Was vom Anfange an war, - was wir gehört, was wir mit unsern Augen gesehen, was wir geschaut und unsere Hände berührt haben von dem Worte des Lebens, — denn das Leben hat sich geoffenbart und wir haben es gesehen und geben Zeugniß davon und verkündigen euch das ewige Leben, welches bei dem Vater war und uns erschienen ist — was wir gesehen und gehört haben, verkündigen wir euch, damit auch ihr Gemeinschaft mit uns habet [7]).“

Der Gottesdienst der ersten Christen bestand aber darin daß alle, die das Wort der Apostel annahmen und getauft waren, „beharrten in der Lehre der Apostel, in der Gemeinschaft der Brodbrechung und im Gebete [8]).“ Diese drei Tausend durch die erste Predigt des heiligen Petrus bekehrten Christen fuhren also fort sich von den Aposteln belehren zu lassen, sie feierten mit ihnen das heilige Opfer des neuen Bundes und beteten mit ihnen. Der Apostel Paulus faßt deßhalb auch seine schriftlichen Lehren in der Ermahnung zusammen: „Stehet denn fest, Brüder, und haltet an den Ueberlieferungen, die ihr erlernt habet, sei es durch Wort oder durch einen Brief von uns [9]).“ Und er ermahnt den Timotheus, nicht nur selbst die ihm anvertraute Hinterlage treu zu bewahren, sondern auch andere geeignete Männer für dieses

---

1) Röm. 1, 1. — 2) I. Cor. 1, 1 f. — 3) II. Cor. 1, 1. — 4) Gal. 1. 1. — 5) I. Petr. 1, 1. — 6) II. Petr. 1, 1. — 7) I. Joh. 1, 1 f. — 8) Apostg. 2, 42. — 9) II. Thess. 2, 14.

apostolische Amt auszuwählen. „So sei nun stark, mein Sohn, durch die Gnade, die in Christo Jesu ist, und was du gehört hast von mir, unter vielen Zeugen, das vertraue zuverlässigen Menschen an, welche tüchtig sind, auch andere zu lehren[1])."

Die ganze Apostelgeschichte, dieses göttliche Document über die Begründung des Christenthums nach dem Tode und der Auf= erstehung Jesu, stellt uns als einziges Mittel der Verbreitung der Lehre Jesu ohne irgend welche Ausnahme, nur die Predigt seiner Lehre dar; sie ist eine fortgesetzte Verwirklichung des Befehles Jesu: Docete, praedicate!

2. Ein höchst bedeutungsvoller Act des christlichen Lehr= amtes in der apostolischen Zeit tritt uns aber in dem aposto= lischen Concil zu Jerusalem entgegen. Die Apostel wie ihre Nachfolger, sollten ihr Amt, welches sie über die ganze Welt zerstreute, nicht vereinzelt üben, nicht jeder für sich. Die Kirche, welche die Aufgabe hatte, alle Menschen in der Einheit des Glau= bens zu vereinigen, mußte selbst auch in ihrer Verfassung diese Einheit darstellen. Ueberdieß war zwar das Lehramt der Kirche unfehlbar, aber nicht alle Nachfolger der Apostel, nicht alle Lehrer der Kirche waren unfehlbar. Der Einzelne nimmt nur Theil an der Unfehlbarkeit der Kirche durch seine innere Verbindung mit ihr, mit dem Geiste der Wahrheit, der in ihr wohnt und bleibt. Es konnten daher Streitigkeiten über die Lehre Jesu nicht aus= bleiben; und der göttliche Stifter der Kirche mußte für die Er= haltung der Einheit, für die Entscheidung dieser Streitigkeiten seiner Kirche eine entsprechende Einrichtung geben. Das ist nun geschehen, theils durch den Vorrang des h. Petrus, theils durch die allgemeine Kirchenversammlung. Die erste und die Grund= lage aller späteren ist das merkwürdige apostolische Concil. Wir finden darin, das in dem Worte Gottes niedergelegte Vor= bild aller späteren allgemeinen Concilien, wir möchten fast sagen, wenn der Ausdruck nicht zu profan wäre, die in der heiligen Schrift enthaltene Geschäftsordnung für alle Concilien.

Paulus, obgleich von Gott selbst zum Apostolate berufen, erhielt dennoch seine besondere Sendung zugleich mit Barna= bas durch eine feierliche Weihe und Händeauflegung. „Alsdann

---

[1]) II. Tim. 2, 1 f.

fasteten sie und beteten und legten ihnen die Hände auf und ließen sie ziehen [1])." So „ausgesandt vom heiligen Geiste [2])" gehen sie auf ihre erste Missionsreise. Als sie dann nach An= tiochien zurückgekehrt waren, wo die Gemeinde hauptsächlich aus Christen bestand, die aus dem Heidenthum herübergekommen waren, da kamen Einige aus Judäa, also Juden, die in Jeru= salem oder der Umgegend Christen geworden waren, vielleicht frühere Pharisäer, und lehrten, daß die Christen aus dem Heidenthume sich gleichfalls den jüdischen Ceremonien unter= werfen müßten. „Wenn ihr euch nicht beschneiden lasset nach dem Brauche des Moses, so könnt ihr nicht das Heil erlangen [3])." Paulus und Barnabas widersprachen ihnen mit großer Ent= schiedenheit, und so entstand ein ernster Streit. Eine wichtigere Frage konnte für die Kirche und ihre ganze Zukunft nicht auf= geworfen werden. Der alte und der neue Bund hingen auf das Innigste zusammen. Beide waren Offenbarungen desselben Gottes, Theile eines Gottesreiches, vereint in dem einen Grund= und Eckstein Jesus Christus. Da schien es auf der einen Seite, daß die heiligsten Gebräuche des alten Bundes nothwendig fort= bestehen müßten, um auch jeden Schein zu vermeiden, als ob der neue Bund von dem alten getrennt sei, als ob der neue Bund gewissermaßen die Reinheit und Wahrheit der Offenbarungen des alten Bundes bestreite. Auf der andern Seite wäre dadurch aber die Kirche Christi, die voll Geist und Wahrheit sein sollte, nicht nur an das Joch aller Ceremonialgesetze des alten Bundes gebun= den, sondern auch in alle pharisäischen Auslegungen derselben, in alle ihre geisttödtenden Aeußerlichkeiten verwickelt worden. Der neue Bund hätte dann nie als das Reich der Wahrheit sich entfalten und über die ganze Erde sich verbreiten können. Der Streit um die Beschneidung bezog sich selbstverständlich auf das ganze Ceremonial= gesetz, von dem die Beschneidung die Grundlage war. Was geschah nun in dieser gefahrvollen Lage für die eben erst entstandene junge Christengemeinde, welche ganz geeignet war, einen Kampf auf Leben und Tod zwischen den Christen aus dem Judenthum und aus dem Heidenthum zu veranlassen; was geschah, um diese bedenkliche Frage zu entscheiden? Das Mittel ist ebenso belehrend, wie der

---

Erfolg entscheidend. „Man beschloß, daß Paulus und Barnabas und einige andere aus den Uebrigen hinaufzögen zu den Aposteln und Presbytern in Jerusalem dieser Frage wegen[1]).“ Dieses Mittel, den Streit beizulegen und darüber zur Entscheidung zu kommen, wurde von allen so sehr als das richtige erkannt, daß selbst Paulus, welcher an Ansehen keinem nachstand und so oft sich darauf berief, daß er von Christus „berufener Apostel“ sei, sich sofort bereit fand, die Richtigkeit seiner Lehre dem Urtheil der in Jerusalem versammelten Apostel zu unterwerfen. Ob in den ersten Christengemeinden über diese Art, Streitfragen zu entscheiden, eine mündliche Ueberlieferung von dem Herrn selbst vorhanden war, ist nicht zu entscheiden. Jedenfalls erkannten Alle durch den Geist, der die Kirche leitet, übereinstimmend darin das rechte Mittel, um die Streitigkeit beizulegen. Auch in Jerusalem war man nicht im Mindesten zweifelhaft, was zu geschehen habe, um die Einheit der Lehre in den christlichen Gemeinden zu erhalten. Als die Abgesandten dort angekommen waren, „wurden sie von der Gemeinde und von den Aposteln und Presbytern empfangen.“ Nachdem diese dann ihr Anliegen gehört hatten, und auch dort „einige aus der Secte der Pharisäer, welche den Glauben angenommen hatten,“ die Nothwendigkeit des jüdischen Ceremonialgesetzes behaupteten, war man gleich einig über das einzuhaltende Verfahren. „Da versammelten sich die Apostel und Presbyter, diese Sache zu prüfen[2]).“ In dieser Versammlung wurden nun zuerst „viele gemeinschaftliche Untersuchungen gepflogen.“ Diese Worte sind höchst bemerkenswerth und belehrend über die Art und Weise der Uebung des höchsten Actes der kirchlichen Lehrautorität. Obgleich nämlich nie ein Mensch nach Christus eine höhere Lehrgewalt besessen hatte, als die Apostel und vor Allem Petrus, so traten sie nicht sofort mit einer Entscheidung auf, sondern ließen „viele gemeinschaftliche Untersuchungen“ vorhergehen, um auch alle menschlichen Mittel zur Klarstellung der Frage zu erschöpfen. Das ist die Vorschrift geblieben für die Ausübung der unfehlbaren Lehrautorität in der Kirche, deren Aussprüche nur erfolgen, nachdem alle natürlichen und menschlichen Mittel zur Ergründung der Fragen vorausgegangen sind. Dann

---

1) A. a. O. 2. — 2) Vers 6.

aber trat Petrus auf. Er berief sich zuerst auf seinen beson=
deren Lehrberuf für die Heiden: „Ihr wisset, daß Gott vor
langer Zeit mich unter euch erwählt hat, daß die Heiden durch
meinen Mund das Wort des Evangeliums hören und glauben
sollen[1])." Dann erinnert er daran, daß Gott selbst schon diese
Frage eigentlich entschieden habe, da er ja den Heiden, welche im
Christenthume aufgenommen seien, bereits ganz dieselben Gnaden
gespendet habe, namentlich den heiligen Geist, wie auch den
Nichtheiden. Und so gibt er denn seine Erklärung: daß den
Heiden dieses Joch nicht auf den Nacken gelegt werden dürfe,
indem nicht hieburch, sondern durch die Gnade des Herrn Jesu
Christi Heiden und Juden die Seligkeit erlangten. Mit diesen
Worten des heiligen Petrus war die ganze Streitfrage gelöst und
den Eindruck derselben gibt die heilige Schrift trotz der vorher=
gegangenen lebhaften Verhandlung mit den Worten: „Da schwieg
die ganze Menge" — ein bedeutungsvolles Zeichen der Autorität
des heiligen Petrus. Nun traten Barnabas und Paulus auf
und erzählten, „welche große Zeichen und Wunder Gott durch sie
unter den Heiden gethan[2])." Daburch wollten sie offenbar bestä=
tigen, was der heilige Petrus über die Wirkung der Gnade unter
den Heiden ohne Beobachtung des Ceremonialgesetzes gesagt
hatte. Zum Schluß erhob sich der Bischof von Jerusalem,
der heilige Apostel Jacobus; ihm, als dem Bischof der Gemeinde,
die fast nur aus Judenchristen bestand, kam es zu, auch noch
über diese Frage zu reden. Er bestätigte den Ausspruch des
heiligen Petrus, indem er auf die Prophezeihungen bezüglich
der Berufung der Heiden hinwies, und stellte zum Abschluß
der Verhandlungen den Antrag, in diesem Sinne ein Schrei=
ben an die Christengemeinden zu Antiochien zu richten. Das
wurde einstimmig angenommen. Man beschloß, den Abgesand=
ten von Antiochien zwei Abgesandte von Jerusalem zur Be=
glaubigung der Antwort mitzugeben. Ihre Entscheidung gaben
sie in einem Schreiben mit der Ueberschrift: „Die Apostel
und Presbyter entbieten als Brüder denen, die zu Antiochien
und in Syrien und in Cilicien sind, den Brüdern aus den Hei=
den ihren Gruß[3])." Dann sagen sie von jenen Judenchristen,
welche von Judäa nach Antiochien gekommen und den Streit

---

1) A. a. O. V. 7. — 2) V. 12. — 3) V. 23.

über die Beschneidung zuerst angefangen hatten: „Wir haben ge=
hört, daß Einige, welche von uns ausgegangen sind, euch beun=
ruhiget haben durch ihre Reden und eure Gemüther verwirrt
haben, denen wir keinen Auftrag gegeben hatten." Diese Worte der
heiligen Versammlung sind in doppelter Hinsicht bemerkenswerth.
Sie zeigen erstens, wie zur Uebung des Lehramtes die „Send=
ung" nothwendig ist; zweitens wie aus der Anmaßung
des Lehramts ohne Sendung die Irrlehre entstehe. Die Ent=
scheidung selbst beginnen sie mit den überaus denkwürdigen Worten:
„Es hat dem heiligen Geist und uns gefallen, euch
weiter keine Last aufzulegen, als diese nothwendigen Stücke, daß
ihr euch enthaltet von den Götzenopfern, vom Blute und von dem
Erstickten und von der Unzucht [1])." Die Heidenchristen wurden also
auf der einen Seite von der Beobachtung des jüdischen Ceremo=
nialgesetzes zwar entbunden, auf der andern Seite aber verpflichtet,
sich auch von allen heidnischen Gräueln des Götzendienstes voll=
ständig zu enthalten. Die Abgesandten zogen nun nach Antio=
chien hinab, „versammelten die ganze Gemeinde und übergaben
den Brief," dessen Inhalt alle „mit Freude und Trost erfüllte [2])."
Wie in Jerusalem, so war also auch in Antiochien mit dieser
Entscheidung des apostolischen Concils die Streitfrage vollkommen
beendet, und statt der Uneinigkeit kehrte wieder Friede und Trost
bei ihnen ein.

Da haben wir das erste Concil, die Grundlage und das
Vorbild aller späteren. Fragt man uns: „Wie wird die bevor=
stehende allgemeine Kirchenversammlung abgehalten werden?" — so
können wir keine erschöpfendere Antwort geben, als die: Gerade
so wie dieses erste apostolische Concil. Da sehen wir das von
Gott gesetzte Mittel, um das höchste Gut der Kirche, das göttliche
Siegel ihrer göttlichen Abkunft, die Einheit in der Wahrheit zu
wahren; die „unitas spiritus in vinculo pacis — die Einheit des
Geistes im Bande des Friedens [3])." Da sehen wir die erste Spaltung,
die erste Gefahr, die Einheit in der jungen Christengemeinde zu zer=
reißen; ein Vorbild jener inneren Kämpfe, welche das Christenthum
im Laufe der Jahrhunderte tiefer beschädigen sollte, als die blutigsten
Verfolgungen. Da sehen wir in Antiochien wie in Jerusalem
volle Einstimmigkeit über das Heilmittel der Spaltungen: die

---

1) A. a. O. 28 f. — 2) B. 30. f. — 3) Ephes. 4, 3.
v. Ketteler, das allgemeine Concil.   4

Versammlung der rechtmäßigen Vorsteher der Kirche. Da sehen wir einen Paulus und einen Barnabas ihre Lehre dieser Autorität und Entscheidung ohne alle Widerrede unter= werfen. Da sehen wir die Apostel und Presbyter zusammen= treten, um durch eingehende Berathung alle menschlichen Mittel zur Aufklärung der Streitfrage zu erschöpfen. Da sehen wir Petrus an der Spitze dieser Versammlung, und bei aller Freiheit der Erörterung hat seine Stimme ein entscheidendes Uebergewicht. Da sehen wir eine Entscheidung mit dem vollen Bewußtsein, das Organ des heiligen Geistes zu sein; mit dem Bewußtsein, daß sich in dieser Versammlung das Wort Jesu Christi erfülle: „Ich will den Vater bitten und er wird euch einen andern Tröster geben, damit er ewig bei euch bleibe, den Geist der Wahrheit[1];" „er wird euch alles lehren und euch an alles erinnern, was ich euch gesagt habe[2]." Da sehen wir endlich, wie die ersten Christen den Ausspruch des unfehlbaren Lehramtes wie den Ausspruch Gottes selbst annehmen.

So sind alle Einrichtungen der Kirche Christi, welche später eine so große Entfaltung nehmen sollten, wie Keime schon in den ersten Anfängen der Kirche enthalten. Alles was uns die Geschichte und alle Bücher und Abhandlungen über die allgemeinen Concilien leh= ren, das sprechen diese Grundzüge des apostolischen Concils nach den Worten der heiligen Schrift schon klar und deutlich aus. Wie damals die Apostel, so treten jetzt ihre Nachfolger zusammen. Wie damals Petrus, so steht jetzt sein Nachfolger an der Spitze. Wie damals der heilige Geist durch diese heilige Versammlung redete, so redet auch jetzt der heilige Geist durch das allgemeine Concil. Und wie damals alle menschlichen Mittel zuerst erschöpft wurden, um die Fragen klar zu stellen, so wird es auch jetzt sein.

Die Autorität der allgemeinen Concilien hat deßhalb auch auf Erden selbst bei jenen großes Ansehen behalten, welche nicht mehr unter dem Vorsitz des h. Petrus zu einer Berathung zusammentreten können, weil sie sich von diesem Einheitspunkte der Kirche getrennt haben. Daß ein allgemeines Concil das Recht der Entscheidung in Glaubensstreitigkeiten besitzt, ist ein Lehrsatz, der noch die Kirche des Orients und des Occidents miteinander vereinigt, der in der anglicanischen Kirche noch großes

---

1) Joh. 14, 16. — 2) Joh. 14, 26.

Ansehen hat, den viele Protestanten um so weniger ganz ver=
werfen, als auch die ersten Reformatoren sich anfänglich auf
denselben beriefen. Um so bemerkenswerther ist es, daß keine
christliche Gemeinschaft außer der römischen katholischen Kirche
diese Einrichtung aus der ersten apostolischen Zeit noch besitzt;
daß keine nur daran denken kann, eine ökumenische Synode zu
berufen; um so bemerkenswerther, daß dagegen der Nachfolger
des heiligen P e t r u s keinen Anstand nimmt, die ganze christliche Welt
dazu einzuladen, um in derselben Weise vor dieser apostolischen
Versammlung die Streitigkeiten in der Christenheit zur Entscheidung
zu bringen, wie es die ersten Christen im Concil zu Jerusalem
gethan haben.

3. Wie aber in der apostolischen Zeit das Lehramt der Kirche
die Lehre Jesu verbreitete und die Streitigkeiten, erleuchtet vom
heiligen Geist, unfehlbar entschied, so blieb es auch in den spä=
tern Jahrhunderten.

Was der Geist, welcher gegen Christus kämpft, damals in A n =
t i o ch i e n versuchte, Spaltungen im Glauben hervorzurufen, das
„eine Herz" und die „eine Seele" in der christlichen Gemeinde zu
zerreißen, sollte fort und fort der eigentliche Kampf gegen das Reich
der Wahrheit werden. So gleich in den ersten Jahrhunderten. Wie
jene Männer aus Judäa irrige Lehren aus dem Judenthum in
die Kirche Christi hinein tragen wollten, so versuchten bald andere
aus dem Heidenthum Irrthümer aus der heidnischen Philosophie und
Weltanschauung in der Kirche Christi geltend zu machen. Das konnte
damals ebenso wenig ausbleiben, wie jetzt und zu allen Zeiten.
Das Material, aus welchem die Kirche das Reich Gottes und
der Wahrheit aufbaut, entnimmt sie ja fort und fort der Welt;
es sind die Menschen mit allen Irrthümern, welche sie aus
der jedesmaligen Zeitrichtung in sich aufgenommen haben; und
so werden diese Irrthümer immer sich bemühen, in das Lehr=
gebäude der christlichen Wahrheit einzudringen. Der Apostel ver=
gleicht die Menschen, soweit sie noch nicht vom Geiste Christi
durchdrungen sind, mit dem wilden Oelzweig, welcher auf
Christus den göttlichen Oelbaum gepflanzt werden soll[1]). Ehe es
gelingt, die Natur des alten Oelzweiges umzugestalten, sucht
dieser selbst die Natur des göttlichen Oelbaumes zu verderben.

---

1) Röm. 11, 17 ff.

So das damalige Heidenthum mit allen seinen Ansichten, mit seinen feinen, mannigfaltigen philosophischen Systemen.

Nur ein wesentlicher Unterschied in Vergleich zum Zeitalter der Apostel war eingetreten. Die Apostel lebten nicht mehr, dagegen hatten einige von ihnen und ihre ersten Schüler einige Schriften hinterlassen, theils Erzählungen aus dem Leben Jesu und den ersten Anfängen der Kirche, theils Briefe an Gemeinden und Schüler, welche nun als kostbare Vermächtnisse der Apostel allmälig gesammelt und in großem Ansehen gehalten wurden. Sie bilden die Bücher des neuen Testamentes. Welche Bedeutung sie hatten, ob sie als Eingebungen des heiligen Geistes zu betrachten seien, ähnlich wie die Bücher des alten Testamentes, darüber sagten diese Bücher selbst mit Ausnahme des Buches der geheimen Offenbarung nichts. Welchen Werth sie also hatten, welchen Grad von Glaubwürdigkeit, welche Bücher dazu gehörten, das alles wußten die Christen nur durch die lebendige Tradition, überwacht durch das lebendige Lehramt der Kirche. Ebenso erklärte auch dieses Lehramt den wahren Sinn dieser Schriften, wie denn überhaupt die Schriften selbst nur einem Theil der Christen zugänglich waren und die Masse des christlichen Volkes nur durch Vermittelung des Lehramtes der Kirche mit dem Inhalte dieser Schriften bekannt wurde. Das lebendige, von Christus eingesetzte Lehramt und die heiligen Schriften gehörten daher wesentlich zusammen und letztere waren nur schriftliche göttliche Urkunden des lebendigen Lehramtes.

Dieses Verhältniß zwischen dem göttlichen Lehramte und den göttlichen Urkunden des Christenthums zerriß nun gewaltsam jener Geist der Spaltung und der Irrlehre, welcher die göttliche Lehre Jesu nach menschlichen Meinungen umgestalten wollte. Er nahm die Urkunden der Kirche, stützte sich auf das Ansehen, welches sie nur durch die Kirche als Gottes Wort besaßen, riß sie aber los von dem lebendigen Geiste, welchen die Kirche als bleibende Gabe zu ihrem Verständnisse erhalten hatte und legte seinen Geist und seine Gedanken in die Formen des göttlichen Wortes. So ist es geblieben von den ersten Jahrhunderten bis heute; so sind alle Irrlehren und Glaubensspaltungen ohne Ausnahme entstanden. Viele sind in dem Irrthume befangen, als ob bei den Glaubensspaltungen der letzten Jahrhunderte zuerst dieser Gegensatz zwischen der heiligen Schrift als einziger Glaubensquelle, lediglich von dem Privatgeist interpretirt, und der kirchlichen von dem Lehramte getragenen Tradition geltend gemacht worden sei. Nichts ist unrichtiger. Ganz derselbe Gegensatz, der heute zwischen der katholischen Kirche und allen christlichen Bekennt= nissen, welche nur die heilige Schrift als einzige Glaubens= quelle anerkennen, besteht, bestand ganz genau so in den ersten Jahrhunderten. Alle alten Irrlehrer beriefen sich gerade so wie vor drei Jahrhunderten die Reformatoren immer und immer auf die heilige Schrift. Seit dem dritten Jahrhundert ist keine Irrlehre anders entstanden. Und ebenso beriefen sich alle Vertheidiger des katholischen Glaubens damals ganz so auf das Lehr= amt der Kirche, auf die kirchliche Tradition, wie es in den letzten drei Jahrhunderten die Vertheidiger der Kirche gethan haben. Die großen Apologeten der ersten christlichen Zeit, welche auch die gläubigen Protestanten als die Vertheidiger der wahren Lehre Jesu anerkennen, bedienen sich derselben Gründe, deren sich heute noch die katholische Kirche bedient. Die Quelle aller Irr= thümer ist im Laufe aller christlichen Jahrhunderte die heilige Schrift, vom Menschengeist, vom Privatgeist interpretirt; die Quelle aller christlichen Wahrheit die heilige Schrift, vom heiligen Geiste im Lehramte der Kirche interpretirt. „Es hat dem heiligen Geist und uns gefallen" — das ist und bleibt die einzige von Gott gesetzte, wahre Auslegerin des Wortes Gottes.

Wir wollen hierüber noch zwei gewichtige Zeugnisse anfüh= ren, das eine auf katholischer Seite, das andere von einem Protestanten.

Döllinger sagt über die Glaubensstreitigkeiten der ersten Jahrhunderte:

„Diese Katholicität des Glaubens oder das Princip der Tradition war es nun, welches die Väter als den stärksten und allein schon völlig ausreichenden Beweis für die Wahrheit der Kirchenlehre den Häretikern entgegenhielten. Indem sie näm= lich die Wahngebilde derselben bestritten und die Lehre der Kirche gegen ihre Angriffe vertheidigten, erkannten sie, daß es zwar heilsam und nothwendig sei, jeden einzelnen Irrthum zu widerlegen, jeden speciellen Einwurf zu beantworten, jede Ver= drehung einer Schriftstelle zu rügen. daß aber dieses Verfahren allein keineswegs hinreiche, die Kirche sicher zu stellen, die Schwankenden im Glauben zu befestigen, die durch die Kunstgriffe und Sophismen der Häretiker Irregeleiteten zurückzuführen; sie sahen, daß eine allgemeine, unfehlbare Glaubensregel aufgestellt werden müsse, mittels welcher jeder Mensch in jedem Momente, ohne in die Einzelnheiten der Controverse einzugehen, die ächte Lehre Christi und der Apostel von den unächten willkürlichen Meinungen der Häretiker unterscheiden und das zu Glaubende mit irrthumsloser Sicherheit ergreifen könne. Diese Glaubens= regel war gegeben in der allgemeinen immerwährenden Ueber= lieferung, welche nichts andres ist, als der katholische Glaube in seinem Ursprunge und seiner Fortpflanzung aufgefaßt. Alle Väter beriefen sich gegen die Häretiker auf diese Tradition, oder was dasselbe ist, sie zeigten die Nothwendigkeit, der Kirche und ihr allein (nicht sich oder einem andern Individuum) zu glauben. Zwei von ihnen aber, Irenäus und Tertullian, stellten das Princip der Tradition ausführlich dar und machten gegen die Häresien ihrer Zeit alle die Folgerungen geltend, welche sich nothwendig aus demselben ergaben, und die, wie das Princip selbst, zugleich für alle Zeiten giltig sind. Der erste that es in seinem Werke gegen die Gnostiker, der Andere in einer eignen Schrift, welcher er den aus der Sprache des römischen Rechts entlehnten Titel Praescriptiones gab [1]). Ihre Darstellung des Princips und seiner Folgen läßt sich in folgenden Zügen zusammenfassen.

1) Die Kirche hat das Charisma der Wahrheit als eine ewig fortdauernde Gnadengabe empfangen; die Apostel haben wie in einer reichen Vorrathskammer ihre Lehre in der Kirche voll= ständig niedergelegt, und nur bei ihr ist sie daher zu finden. Wie aber die gesammte Kirche in dem Besitze der apostolischen Wahrheit ist, so ist es auch jede einzelne Kirche oder Gemeinde als Glied des großen Ganzen und so lange sie in der organischen Verbindung mit dem Ganzen bleibt.

2) Die Apostel leben und lehren fort in ihren Nachfolgern, den Bischöfen; diese sind, was die Apostel waren, Organe zu= gleich und Wächter, Bewahrer des Glaubens, der apostolischen Ueberlieferung. Da in den Kirchen eine ununterbrochene Auf=

---

1) „Praescriptio heißt ein Rechtsgrund, durch welchen der processirenden Partei, ohne daß man sich auf die Untersuchung der einzelnen Klagepunkte einzulassen braucht, gleich von vorn herein das Recht zu klagen abge= sprochen werden soll."

einanderfolge von Bischöfen, die mit einem Apostel oder einem von einem Apostel Eingesetzten begonnen hat, besteht, so ist durch diese Reihenfolge auch die ununterbrochene Fortpflanzung des Glaubens von Geschlecht zu Geschlecht, so wie ihn die Apostel mitgetheilt haben, verbürgt; die Lehre der Apostel ist also nicht etwas Vergangenes, was erst wieder gesucht und historisch oder kritisch ausgemittelt werden müßte, sondern etwas Lebendiges, jedem Momente vorhanden und gegenwärtig.

3) Wenn Zweifel oder Streitigkeiten entstehen, dann haben die apostolischen Stamm- oder Mutterkirchen (ecclesiae matrices), welche unmittelbar von den Aposteln gestiftet worden sind, eine entscheidende Stimme, vorzüglich aber die Römische, mit welcher alle im Glauben übereinstimmen müssen. Zwar sind auch die später entstandenen Kirchen apostolisch, durch mittelbare Ab= stammung und durch die Gleichheit der Lehre (pro consanguini= tate doctrinae); aber bei diesen Tochterkirchen findet immer ein Verhältniß der Unterordnung gegen die Mutterkirchen, besonders gegen die Römische, statt.

4) In dem Streite mit den Häretikern, welche die kirchliche Autorität und Tradition verwerfen und sich auf die heilige Schrift berufen, wird zwar die Schrift von der Tradition unter= schieden; aber sie gehört als Theil zur kirchlichen Tradition und ist wesentlich Eins mit derselben. Es ist also Ein Evan= gelium, das geschriebene und das lebendige, stets verkündigte; jenes darf nicht von diesem losgerissen werden, da es als an sich todter Buchstabe der Auslegung und Deutung bedarf, welche nur mittelst des lebendigen, in der Kirche stets forttönenden Wortes der Ueberlieferung geschehen kann. Da ferner die münd= liche Tradition schon da war vor den ersten Urkunden der ge= schriebenen Tradition, d. h. vor der heiligen Schrift, da diese erst aus jener geschöpft ist, so ist die mündliche Ueberlieferung (die aber immer von einem Zeitabschnitte zum andern zugleich auch eine geschriebene wird) vollständiger als die Schrift. Die Häretiker nun, welche sich von dem lebendigen Evangelium der Tradition losgesagt haben, und für welche daher die heilige Schrift nicht gehört, können nicht zur Berufung auf dieselbe zu= gelassen werden; denn es fehlt ihnen der Schlüssel zum Ver= ständnisse der Schrift.

5) Da die Kirche nicht ohne den Glauben, der Glaube nicht ohne die stete Reinheit und Aechtheit der Ueberlieferung bestehen kann, so steht diese unter der unmittelbaren Leitung des der Kirche verheißenen und wirklich gegebenen Geistes der Wahrheit. Die Erhaltung der reinen apostolischen Lehre ist also nicht nur verbürgt durch das kirchliche Institut des Episkopats, sondern auch durch die nie aufhörende Einwirkung des göttlichen Geistes in der Kirche; und die Kirche ist demnach gegen jeden Irrthum gesichert einmal durch die stete Fortdauer des Apostolats oder die ununterbrochne Succession rechtmäßig ordinirter Bischöfe, und dann durch den ihr inwohnenden göttlichen Geist, von welchem sie, wie aus einer immerdar strömenden Quelle ihren Glauben in jedem Moment ihres Daseins empfängt. So stehen Christus und der heilige Geist in steter Mittheilung und Gemeinschaft mit der Kirche und durch sie mit jedem Einzelnen. Auch darum also kann die heilige Schrift nur in der Kirche richtig erklärt und verstanden werden, weil nur der Kirche jener Geist inwohnt, welcher die Schrift selber eingegeben hat[1]).“

Ganz ähnlich spricht sich Lessing[2]) in Bezug auf die protestantische Glaubensregel aus, daß die heilige Schrift die ausschließliche Quelle der Lehre Jesu sei. In seinem bekannten Streite mit dem Hauptpastor Goeze in Hamburg vertheidigte Lessing unter anderen folgende Sätze:

„Auch war die Religion, ehe eine Bibel war.“

„Das Christenthum war, ehe Evangelisten und Apostel geschrieben hatten. Es verlief eine geraume Zeit, ehe der erste von ihnen schrieb; und eine sehr beträchtliche, ehe der ganze Canon zu Stande kam.“

„Es mag also von diesen Schriften noch so viel abhangen: so kann doch unmöglich die ganze Wahrheit der christlichen Religion auf ihnen beruhen.“

„War ein Zeitraum, in welchem sie (die christliche Religion) bereits so ausgebreitet war, in welchem sie sich bereits so

---

1) Dr. Döllinger, Handbuch der christlichen Kirchengeschichte. Landshut 1833. Bd. 1. §. 26.

2) Lessing war freilich nicht gläubig und sank, wie seine Briefe über Nathan den Weisen darthun, auf den Standpunkt des vulgären Indifferentismus zurück; das beeinträchtigt aber die Richtigkeit seiner philosophischen und historischen Kritik in dieser Sache offenbar nicht.

vieler Seelen bemächtiget hatte und in welchem gleichwohl noch
kein Buchstabe aus dem von ihr aufgezeichnet war, was bis auf
uns gekommen ist: so muß es auch möglich sein, daß alles, was
die Evangelisten und Apostel geschrieben haben, wiederum verloren
gienge und die von ihnen gelehrte Religion doch bestünde[1])."

Von seinem Gegner aufgefordert, sich zu erklären, was er
unter „der christlichen Religion" verstehe, welche bestehen könne,
„wenn auch die Bibel völlig verloren gienge, wenn sie schon längst
verloren gegangen wäre, wenn sie niemals gewesen wäre" —
antwortete Lessing, daß er unter der christlichen Religion „alle
diejenigen Glaubenslehren verstehe, welche in den Symbolis der
ersten vier Jahrhunderte der christlichen Kirche enthalten sind."
Auf Grund dieser Erklärung stellt er dann folgende Sätze auf:

„Der Inbegriff jener Glaubensbekenntnisse heißt bei den
ältesten Vätern Regula fidei."

„Diese Regula fidei ist nicht aus den Schriften des neuen
Testaments gezogen."

„Diese Regula fidei war, ehe noch ein einziges Buch des
neuen Testaments existirte."

„Mit dieser Regula fidei haben sich nicht allein die ersten
Christen bei Lebzeiten der Apostel begnügt: sondern auch die
nachfolgenden Christen der ganzen ersten vier Jahrhunderte haben
sie für vollkommen hinlänglich zum Christenthume gehalten."

„Diese Regula fidei also ist der Fels, auf welchen die Kirche
Christi erbauet worden, und nicht die Schrift."

„Die christliche Religion ist in den ersten vier Jahrhun=
derten aus den Schriften des neuen Testaments nie erwiesen,
sondern höchstens nur beiläufig erläutert und bestätiget worden."

„Der Beweis, daß die Apostel und Evangelisten ihre Schriften
in der Absicht geschrieben, daß die christliche Religion ganz und
vollständig daraus gezogen und erwiesen werden könne, ist nicht
zu führen."

„Der Beweis, daß der heilige Geist durch seine Leitung es
dennoch, selbst ohne die Absicht der Schriftsteller, so geordnet und
veranstaltet, ist noch weniger zu führen."

---

1) Lessings sämmtl. Werke. Berlin 1839. S. 143—148.

„Auch nicht einmal als authentischer Commentar der ge=
sammten Regula fidei sind die Schriften der Apostel in den ersten
Jahrhunderten betrachtet worden."

„Und das war eben der Grund, warum die älteste Kirche
nie erlauben wollte, daß sich die Ketzer auf die Schrift beriefen.
Das war eben der Grund, warum sie durchaus mit keinem
Ketzer aus der Schrift streiten wollte[1])."

Im weiteren Verlaufe der Controverse erklärte Lessing
„rund heraus, daß es nicht wahr sei, daß alle Lehrer der
christlichen Kirche, ohne Unterschied der verschiedenen Parteien,
die Bibel für den einigen Lehrgrund der christlichen Religion hal=
ten." Diese Behauptung hatte ihm nämlich sein Gegner als
einen „von allen vernünftigen Christen, von allen Lehrern der
christlichen Kirche" angenommenen, „keinem Zweifel unterworfenen
Grundsatz" entgegen gehalten.

Unter Anderem weist dann Lessing auf die Geschichte des
ersten Concils von Nicäa hin, wo die versammelten Bischöfe
in ihrem Verfahren gegen die Arianer sich auf einen ganz an=
deren Lehrgrund stellten, welchen Lessing in folgende Sätze
zusammenfaßt:

„Der Sieg der heiligen Schrift über die Ketzerei oder die
Kraft der heiligen Schrift in Bestimmung der Rechtgläubigkeit
hat sich auf dem Nicäischen Concilio nur schlecht erwiesen. Durch
die Schrift ist auf demselben schlechterdings nichts ausgemacht
worden."

„Ja, den rechtgläubigen Vätern kam es im geringsten nicht
ein, ihren Lehrsatz aus der Schrift auch nur erweisen zu wollen.
Sie hatten blos die Herablassung, auf die Schriftstellen, welche
die Arianer dagegen anführten, übel und böse zu antworten."

„Sie gaben ihren Lehrsatz für keine Wahrheit aus, die in
der Schrift klar und deutlich enthalten sei, sondern für eine
Wahrheit, die sich von Christo unmittelbar herschreibe und ihnen
von Vater auf Sohn treulich überliefert worden."

„Sie erwiesen also nur, daß die Schrift diesen Ueberlie=
ferungen nicht widerspreche."

„Und der Gebrauch, den sie sonach von der Schrift machten,
war ein ganz andrer, als der, den man uns neuerer Zeit auf=

---

1) A. a. D. S. 239—243.

gebrungen hat; welchem zu Folge nach dem gar nicht gefragt wird, was uns überliefert worden, sondern aus der einzigen Schrift unmittelbar bestimmt wird, was uns hätte überliefert werden sollen."

„Sollte die Ueberlieferung gar nicht mit in Anschlag kommen: so müßte man behaupten, daß jeder vernünftige Mann, ohne im geringsten etwas von dem Christenthume zu wissen, das ganze Christenthum aus den neutestamentlichen Schriften einzig und allein ziehen und absondern könne; und daran zweifle ich sehr."

„Schade, daß davon keine Erfahrung gemacht werden kann, indem wohl schwerlich ein vernünftiger Mann zu den neutestamentlichen Schriften kommen dürfte, ohne das Christenthum vorher zu kennen; und die Kunst, es wieder zu vergessen, wenn er zu dieser vermeinten einigen Quelle nun selbst kommt, noch soll erfunden werden 1)."

---

1) A. a. O. S. 245—251.

VI.

Die Frage aller Fragen: Wahrheit oder Scepticismus?

„Was ist Wahrheit?"   Joh. 18, 38.

Alles hängt also davon ab, ob jenes Wort der Apostel auf ihrem Concil: „Es hat dem heiligen Geist und uns gefallen" auch jetzt noch wahr ist, ob auch jetzt noch der heilige Geist durch die Kirche über den wahren Inhalt der Lehre Jesu un= trüglich entscheidet, ob es ein unfehlbares Lehramt der Kirche gibt. Wenn es keines gibt, dann sind alle Streitfragen über den wahren Inhalt der Offenbarung unlösbar. Wir müssen dann darauf verzichten, den Sinn der Lehre Jesu untrüglich aufzufin= den. Das heißt aber den Scepticismus, die Lehre, es gebe gar keine sichere Wahrheit und alles sei zweifelhaft, auf das Christenthum anwenden. Dann müssen wir aber auch darauf verzichten, selbst über die letzten natürlichen Wahrheiten volle, truglose Gewißheit zu finden, dann bleibt die Frage: „Was ist Wahrheit?" — unge= löst auf Erden, dann bleibt der Zweifel das unselige Loos des Menschengeschlechts, dann fällt der menschliche Geist auch auf diesem Gebiete dem Scepticismus anheim.

1. Ohne unfehlbare Lehrautorität gibt es kein Mittel, um die Streitigkeiten in der Christenheit über die Lehre Jesu zur Entscheidung zu bringen; kein Mittel, je wieder die Glau= benseinheit herzustellen.

Das kann nicht bestritten und muß von allen, die eine tiefere Einsicht in die Geschichte der Glaubensstreitigkeiten haben, zugegeben werden. Auch die Protestanten müssen anerken= nen, daß nach den Erfahrungen der letzten drei Jahrhunderte jede Hoffnung eitel ist, durch gelehrte Auslegung der heiligen Schrift die Streitigkeiten unter den Christen über die wahre Lehre Jesu beizulegen und so eine Vereinigung herzustellen. Das ist aber für jedes Christenherz ein trostloser, unerträglicher Gedanke; das muß jedem Protestanten, der Christus liebt, die Frage nahelegen, ob denn nicht Christus den Menschen ein anderes Mittel gegeben hat, um die Glaubenseinheit zu bewahren.

Christus ist mit der erklärten Absicht aufgetreten, alle Menschen in der Wahrheit und in der Liebe zu vereinigen, und zwar in sich, in seiner Person, in seiner göttlichen und menschlichen Natur. Wie er in der Menschwerdung die menschliche Natur, die er angenommen, mit sich vereinigt hat, so will er in der ganzen Wirksamkeit seiner Kirche jeden einzelnen Menschen wieder mit seiner Menschheit und dadurch mit seiner Gottheit vereinigen. So, als Mittelpunkt von allem, tritt er auf: „Ich bin der wahre Weinstock;" „bleibet in mir und ich in euch!" „Ich bin der Weinstock, ihr seid die Reben; wer in mir bleibt und ich in ihm, der bringt viele Frucht[1]." „Ich bin die Auferstehung und das Leben; wer an mich glaubt, wird leben, selbst wenn er gestorben ist, und jeder der da lebt und an mich glaubt, der wird nicht sterben in Ewigkeit. Glaubst du das?" Martha antwortete: „Ja, Herr! ich glaube, daß du Christus der Sohn des lebendigen Gottes bist, der in die Welt gekommen ist[2]." Alles bezieht er auf sich, auf seine Person. Er selbst ist die Grundlage des christlichen Lehr=, Lebens= und Liebe=Gebäudes. Wer ihn erkennt, erkennt durch ihn alle Wahrheit, wer ihn liebt, liebt in ihm und durch ihn alles Gute. Darum belobt er den Glauben des Petrus und des Thomas an seine Gottheit; darum will er mehr geliebt sein, als Vater, Mutter und Kind. So einigte er in sich, in seiner Person seine Jünger und besiegelte diese Einigung durch jenes Abendmahl, welches ihnen in dem wahren Genuß seines Leibes und Blutes eine ganz übernatürliche wahrhafte Vereinigung mit ihm verlieh. Durch die Sendung des heiligen Geistes erhielt dann diese Einheit ihre Vollendung, da dieser ewige, göttliche Geist, der Vater und Sohn in ewiger Liebe vereint, nun auch seinen Wohnsitz in den Herzen der Erlösten nehmen und das tiefinnerlichste Princip ihrer Einheit werden wollte.

Um aber zu dieser Einheit in Christus zu gelangen, bedarf der Mensch einer so reinen, lebendigen und ungetrübten Erkennt-

---

1) Joh. 15, 1. 4—5. — 2) Joh. 11, 25 ff.

niß der Person Jesu, wie die Apostel sie hatten. Denn es gehört zum Wesen der geistigen Natur, daß sie durch Erkennen und Liebe mit einem Andern geeinigt und verbunden werde. Das Erkennen ist aber wieder die Grundlage der Liebe. Wir können Jesus nicht nach seinem Befehle über alles lieben, wenn wir ihn nicht zuerst als über alles liebenswürdig erkannt haben. Um jedoch zu dieser Erkenntniß Jesu zu gelangen und durch diese Erkenntniß und Liebe in ihm mit allen Mitchristen in der „Einheit des Geistes" und durch das „Band des Friedens" geeinigt zu werden, müssen wir mit voller Klarheit wissen, wer er ist, was er will. Jede Ungewißheit, jede Unklarheit, jeder Zweifel über die Person Jesu zerstört in ihrer Grundlage die Einheit der Christenheit, weil diese einzig und allein auf der Person Christi und in der Verbindung mit ihr beruht.

Dieser feste, klare Glaube an Jesus, an seine Gottheit, seine Lehre, seine Gnade, der die Menschen so innig mit Christus verbindet, daß dadurch hinwieder die so verbundenen Menschen Ein Herz und Eine Seele werden, setzt aber eine göttliche Lehrautorität voraus; eine Autorität, die deßhalb, weil sie göttlicher Einsetzung ist, mit derselben Sicherheit die Erkenntniß Jesu vermittelt, wie sie die Apostel durch den Umgang mit Jesus erhielten; setzt eine Kirche voraus mit derselben göttlichen Beglaubigung, wie Christus sie an sich trug und sie in seinem Leben, in seinen Wundern, in seiner übernatürlichen Erscheinung den Menschen offenbarte. Die Kirche ist deßhalb nicht nur, wie wir sie bisher betrachtet haben, eine Lehrerin der Lehre Jesu, ausgestattet mit der Unfehlbarkeit, um diesen göttlichen Schatz ungetrübt allen Menschen zuzutragen; — sie ist noch mehr, sie ist zugleich eine immer fortlebende, den Charakter göttlicher Beglaubigung an sich tragende Zeugin von dem Leben, den Wundern, der Auferstehung, der Gottheit Jesu. Daher das tiefe Wort des heiligen Augustinus: „Ich würde dem Evangelium nicht glauben, wenn mich nicht die Autorität der Kirche dazu bestimmte[1]." Daher aber auch die Erscheinung, daß, wo der Einfluß der Kirche schwindet und die Lehrautorität der Kirche verworfen wird, die Einheit des

---

[1] Contr. epist. Manich. (Fundam.) c. 5. edit. Migne tom. 8. p. 176.

Glaubens mehr und mehr verloren geht, bis man endlich selbst
an ihrer Möglichkeit verzweifelt.

Das beweist der gläubige Protestantismus. Was an lebendigem Christenglauben noch vorhanden ist im protestantischen
Volke, das verdankt es lediglich dem katholischen Glaubensprincip,
das im Protestantismus noch mächtig fortwirkt, der Autorität und
der Tradition in den Familien und der Predigt. Das beweist die griechische Kirche. Was dort an lebendigem Christenglauben noch übrig ist, verdanken sie der Autorität, dem Lehramte. Das beweist vor allem die katholische Kirche mit ihrer
wahren Lehrautorität, welche ruht auf dem Fundamente der
Apostel. Das beweist endlich jene Richtung im Protestantismus, welche sich von aller Lehrautorität losgesagt und rein
auf das protestantische Princip der individuellen Forschung in
der heiligen Schrift sich gestellt hat. Dieses göttliche Buch wird
dann nicht eine Quelle der Einigung, sondern der Spaltung; der
menschliche Geist gibt seinen Irrthümern und Irrwegen den
Schein einer höheren Berechtigung und zerrt so lange an dem
Buchstaben, bis er endlich die Göttlichkeit der heiligen Urkunde
selbst leugnet. Aehnlich wie der Materialismus den Geist im
Menschen leugnet, weil er ihn nicht sieht, so leugnet diese Richtung zuletzt auch den Geist Gottes in dem geschriebenen Worte
Gottes. Das letzte Stadium der Verirrung ist dann endlich
ein Evangelium, eine Kirche, ein Christenthum mit Verzicht-
leistung auf jedes gemeinschaftliche Glaubensbekenntniß. Das
ist die modernste Entwicklung im sogenannten Protestantenverein; ein Aufgeben jeder christlichen Wahrheit unter dem
Scheine, daß das die wahre Kirche Christi sei. Welch eine
Verirrung! Welch eine Umkehr des Christenthums! Welch eine
Täuschung des christlichen Volkes! Zwar sagt man, daß man
dem Einzelnen den Glauben nicht verwehre, aber die Ansicht
Einzelner macht keine religiöse Gemeinschaft aus; dazu muß die
Verbindung als solche von einem gemeinschaftlichen Bekenntniß
getragen sein. Eine bekenntnißlose Verbindung ist keine religiöse Verbindung, keine Kirche, keine christliche Kirche, sondern
ein Spottbild derselben. So weit führt die letzte Consequenz des
„Wortes Gottes" ohne Autorität; das ist der Scepticismus
im Christenthum unter dem Schein des Christenthums; die Negation
der Kirche unter dem Schein einer christlichen Kirche; das ist

die Verzweiflung des menschlichen Geistes an der christlichen Wahrheit.

Wenn es daher kein von Gott gesetztes Lehramt gibt, durch welches wir zum Besitze der wahren Lehre Jesu gelangen, dann müssen wir folglich auf alle heiligen, hohen Ideale des Christenthums verzichten; dann bleibt Spaltung in der Christenheit bis ans Ende und sie wird immer weiter, immer tiefer, immer allgemeiner; dann ist das cor unum et anima una für immer von der Erde verschwunden.

Möchten doch alle, die Christus lieben, dabei aber selbst das von Gott zur Hütung der christlichen Wahrheit gesetzte Lehramt verwerfen, bedenken, daß erstens ihr eigener Glaube nicht die wahre, göttliche Grundlage hat; daß zweitens sie sich dadurch zahlloser Gnaden des Christenthums berauben und daß sie drittens einer Geistesrichtung angehören, die das Christenthum unaussprechlich verwüstet und sie sich selbst vor unserem Herrn und Meister Jesus Christus zum Mitschuldigen dieser Verwüstung machen.

Erstens: Ihr Glaube hat nicht die wahre Grundlage. Man kann nicht das Glied einer Kette zerreißen und diesen Riß dadurch heilen, daß man an dem einen Ende viele neue Ringe ansetzt. Die Länge des einen Endes ersetzt nicht den Schaden. So kann der Protestantismus nicht durch die seit der Spaltung abgelaufene Reihe von Jahren den Riß ausfüllen, den er durch die Trennung von der Kirche Christi hervorgerufen hat. Die apostolische Kette, in der sich die rechtmäßige Sendung, die Vollmacht, das Amt von Christus her fortpflanzt, ist und bleibt zerrissen und kann durch nichts geheilt werden. Es ist kein Auftrag da und keine Vollmacht.

Zweitens: Sie berauben sich unzähliger Gnaden. Auch jene apostolische Kette, in der sich die übernatürlichen Gnaden fortpflanzen, ist, von der Taufe abgesehen, für sie zerrissen: die sakramentale Gnadenkette. Wie kein Lehramt da ist, so ist keine Macht da, den Menschen übernatürliche Gnaden zu spenden. Es ist keine Sündenvergebung da, es ist keine Vollmacht da, das allerheiligste Sakrament des Altars giltig zu verwalten, und daher keine wahre Gegenwart Jesu Christi im Sakrament.

Drittens: Sie selbst machen sich zu Genossen einer Richtung, die sie so tief beklagen, weil sie noch an Christus glauben, Christus lieben und in ihm ihr einziges Heil finden. So lange sie die von Christus eingesetzte Lehrautorität ver=

werfen, tragen sie im Grunde die Mitschuld und die Mitver-
antwortlichkeit für jene unselige Zersetzung und Auflösung im
Christenthum, welche wir vor Augen haben und welche im Grunde
eine totale Leugnung des großen Geheimnisses göttlicher Er-
barmung in der Menschwerdung des Sohnes Gottes ist.

2. Die Leugnung einer von Gott eingesetzten Lehrautorität
für die unverfälschte Bewahrung der Lehre Jesu führt aber
schließlich nicht nur zur Verzweiflung an jeder objectiv sicheren
Erkenntniß christlicher Wahrheiten, zum christlichen Scepticismus, sondern auch zur Verzweiflung an der Möglichkeit einer
objectiv wahren und deßhalb vollkommen sichern Erkenntniß der höchsten Vernunftwahrheiten. Sie macht alles Erkennen des Menschen über höhere und tiefere Fragen zu
einem relativen Meinen; sie führt dahin, daß der Mensch auf
die Frage: Was ist Wahrheit? — antwortet: Wir wissen es
nicht; wir wissen wohl, daß wir in uns ein Seelenvermögen
haben, welches nach Wahrheit hungert und dürstet, wir wissen
wohl, daß kein Bedürfniß der Natur so groß ist, als das Bedürfniß nach Wahrheit und dennoch gibt es keine sichere Wahrheit für uns Menschen. Das ist die Rückkehr zum heidnischen
Scepticismus am Ende der vielen christlichen Jahrhunderte, die
hinter uns liegen.

Dieser Zustand ist in der That eingetreten. Das ist
vielfach der Zustand des menschlichen Geistes in der Gegenwart, nachdem er sich von der göttlichen Lehrautorität, von
jener forttönenden Stimme Gottes losgemacht hat. Beide Erscheinungen stammen aus derselben Quelle; dort das Verzichten auf eine objectiv richtige und deßhalb allgemein giltige Erfassung der Lehre Jesu, hier ein Verzichten auf eine
objectiv richtige und deßhalb allgemein giltige Erfassung der
höheren Vernunftwahrheiten. Daraus entspringt dann hier wie dort
die tief in die Geister unseres Jahrhunderts eingedrungene Anschauung, daß in den höchsten Fragen, von denen die Erkenntniß und die Erreichung unserer Bestimmung abhängt, jede
Meinung gleich berechtigt sei. Wohl kennt das Christenthum und die
Vernunft den Grundsatz an, daß der Mensch, der einem unverschul-
deten Irrthum redlich huldigt, keine Verantwortung für ihn
trägt und daß, wenn er nach demselben handelt, ihn keine Schuld

trifft. Daraus aber die Folgerung ziehen, daß jede subjective Ansicht gleich gut sei, auf gleiches Recht Anspruch habe, ist nicht mehr eine Folgerung aus der eben bezeichneten Wahrheit, sondern eine Ansicht, welche in der Verzweiflung an einer bleibenden ob= jectiven Wahrheit oder wenigstens Wahrheitserkenntniß für uns Menschen ihren Grund hat.

Diese Geistesrichtung nun, die das Charakteristische unserer Zeit ist und auf dem Gebiete der natürlichen Wahrheit ebenso an einer sichern Wahrheitserkenntniß verzweifelt wie die vorher ge= schilderte auf dem Gebiete der christlichen Wahrheit, hat ähn= lich wie letztere im Protestantenverein, auch eine Verbindung in dem Logenvereine, in dem Freimaurerthume, soweit nämlich das= selbe in dem gewöhnlichen Logenleben den Mitgliedern kund wird. Ganz wie der Protestantenverein ein Verein angeblich für Christen ist, ohne nur eine einzige christliche Wahrheit zur Bedingung der Mitgliedschaft zu machen, ganz so will der Maurerbund ein Ver= ein aller Menschen sein zur Pflege des Humanismus, alles Guten und Schönen in der Menschheit, ohne nur eine einzige höhere Vernunftwahrheit über den wahren Grund des Guten und Schö= nen festzuhalten. Der Protestantenverein mit seiner Volkskirche ist ein Verein von Christen, wo jeder über Christus, Christenthum, Christenlehre, Christengnade denken kann, was er will; also ein angeblich christlicher Verein, ohne daß ein christlicher Gedanke die Mitglieder vereinigt — ein Widerspruch in sich selbst. So ist die Loge ein Verein, der den Menschen zu seinem höchsten menschen= würdigen Dasein, zur höchsten sittlichen Würde erheben will, ohne auch nur die nothwendigste Grundlage aller Sittlichkeit, den Glauben an einen persönlichen Gott von den Mitgliedern zu fordern [1]. Uebrigens sind beide Vereine nahe verwandt: der Protestantenverein, — der organisirte christliche Scepticismus, das Freimaurerthum — der organisirte Vernunftscepticismus; denn der Scepticismus ist

---

1) Die drei großen Mutterlogen in Berlin halten noch scheinbar das christliche Princip fest, d. h. die Bedingung, daß ein Mitglied Christ sein müsse. Diese Anforderung ist aber in der Uebung ganz wirkungslos gewor= den und fast in allen Logen aufgegeben. Sie steht auch mit den „alten Pflich= ten" ganz im Widerspruch und ist nur später eingeführt. Siehe hierüber die Freimaurerschrift Latomia, Bd. 26. S. 1 ff.

überall derselbe. Beide reden von Christus, Christenthum, Kirche,
Gott, Religion, Nothwendigkeit derselben, in gleich über=
schwänglicher Weise, beide gehen aber davon aus, daß man von
allen diesen herrlichen Dingen eben nichts Gewisses wissen könne.
Was aber eine Achtung vor Dingen, welche so ungewiß sind,
daß jede Ansicht über sie gleich gut ist, zu bedeuten hat, versteht
sich von selbst. Beide Vereine arbeiten daher auch für einan=
der. Der Protestantenverein mit seinem Projekte einer Volks=
kirche ist eine Extension der Loge ins christlich protestantische
Volk; eine Vorhalle für jene, deren Fußbekleidung zu schmutzig
ist, um in die geweihten Räume der Logen einzutreten; er ist
der mit dem Scheine der christlichen Kirche zugedeckte, unter
ihm versteckte Versuch, das gläubige protestantische Volk unter die
Hand der Loge zu bringen. Daher stehen auch Logenbrüder
überall an der Spitze der Bewegung zur Gründung der neuen
Volkskirche. Eine Mission von Christus haben sie dazu gewiß
nicht, ob sie eine Mission der Loge dazu haben, steht dahin.

Uebrigens kann uns diese Verzweiflung des sich selbst über=
lassenen menschlichen Geistes, allgemein giltig und objectiv voll=
kommen richtig die Lehre Jesu und die höhern Venunftswahr=
heiten über Gott, Ursprung und Ziel des Menschen erkennen zu
können, nicht überraschen. Es liegt ihr vielmehr eine relative
Nothwendigkeit zu Grunde und sie konnte auch jetzt erst in dieser
Ausdehnung den Geist der Menschen erfassen. Der Menschengeist
war im Alterthume bei seinen Forschungen nie ganz frei von
jeder Leitung. Er stand vielmehr unter zahllosen berechtigten und
unberechtigten bestimmenden Einflüssen. Die uralten Traditionen
des Menschengeschlechtes, die Staatsreligionen und das Staats=
wesen, die Meinung der Vorfahren übten auf den Gedankenkreis
der Menschen den tiefeingreifendsten Einfluß. Das war sehr na=
türlich, da ja das ganze Menschengeschlecht, je näher es seinem
Ursprunge stand, die Eindrücke jener Autorität in sich tragen
mußte, die es durch ihre Allmacht aus dem Nichts ins Dasein
gerufen hatte. Erst Christus hat den menschlichen Geist von
allen falschen Autoritäten befreit; freilich nur in der Absicht, um
ihn der wahren, göttlichen Autorität ganz zu unterwerfen. Wenn
nun dieser Menschengeist, der von keiner Geschichte, keiner Tradi=
tion, keinem Ansehen der Voreltern mehr getragen ist, der seinen
Stolz darin setzt, nichts mehr als Autorität gelten zu lassen, sich

auch von dieser göttlichen Autorität in Christus losmacht, so kann es nur zu leicht geschehen, daß er endlich bei der Verzweiflung an der Möglichkeit einer durchaus sichern Erkenntniß der höhern Wahrheit anlangt.

Der menschliche Geist ganz auf sich angewiesen, ist und bleibt zwar befähigt, Wahrheit zu erkennen, und er verliert deßhalb nie ganz dieses Bewußtsein; er ist aber auch dem Irrthum unterworfen. Er kann sich nicht verhehlen, wie viele Mitmenschen von seinen Ansichten, mögen diese noch so redlich sein, abweichen. Wie leicht kann ihn da in den höchsten und wichtigsten Fragen der Zweifel beschleichen, der Gedanke: Ist das wahr, was du denkst, könnte es nicht anders sein? Ferner ist der menschliche Geist nicht der absolute Geist, nicht der Geist, der an und aus sich ewig derselbe ist, ewig und unwandelbar die Wahrheit erkennt. Wie oft dagegen wird der Mensch daran erinnert, daß sein Denken an und aus sich sehr hinfällig ist; wie oft sieht er selbst im Verlaufe des eigenen Lebens seine Begriffe, mit denen er die Dinge fassen will, sich ändern; wie oft findet er, daß diese Begriffe, die Form seiner Gedanken von den Dingen, nicht objectiv richtig, daß sie zu klein oder zu weit oder gar unvernünftig waren, daß ihnen Momente fehlten, die zu dem Wesen der Dinge gehörten. Unser ganzes Leben ist ja ein Ringen nach diesen objectiv richtigen Begriffen. Wenn nun der menschliche Geist dabei ganz sich selbst überlassen ist, wie selten wird es dann in der Lage sein, mit zweifelloser Gewißheit sagen zu können: Ich besitze jetzt die Wahrheit, wie sie an sich ist, wie sie für mich und für alle ist, wie sie ewig bleiben wird. Das ist fast unmöglich für den ganz sich selbst überlassenen Menschengeist. Wie sehr ist er dann der Gefahr ausgesetzt, daß nach langem vergeblichen Ringen jenes schreckliche Schicksal auch ihn treffe, welches uns der Apostel Paulus von jenen Heiden schildert, deren „Verstand mit Finsterniß verdunkelt ist," „die entfremdet sind dem Leben Gottes durch Unwissenheit, die blind sind in ihrem Herzen und endlich in der Verzweiflung an der Wahrheit sich allen Lüsten des Lebens hingeben[1]."

So nothwendig bedarf der Mensch einer göttlichen Leitung auf dem Wege zur Wahrheit, so tief entspricht die Lehre der christ-

---

[1] Ephes. 4, 18. 19.

lichen Kirche von ihrer unfehlbaren Lehrautorität dem innersten Bedürfniß der Seele des Menschen. Das ist das „Entweder — Oder" für den Menschengeist:

Entweder er folgt der Stimme Christi, die zu ihm redet. Dann wird er selbst den Frieden finden, von Licht zu Licht, von Gewißheit zu Gewißheit fortschreiten, in jene glückselige geistige Verbindung eintreten, die so viele Seelen durch alle christlichen Jahrhunderte auf Erden und im Himmel mit Christus verbindet, bis er selbst zur ewigen Anschauung des ewigen Lichtes gelangt;

Oder er folgt nur sich und dem Lichte seiner Vernunft. Dann wird ihn der Zweifel verfolgen und rastlos treiben bis ans Ende seines Daseins; dann wird er von einer Meinung zur anderen wie vom Wirbelwinde umhergetrieben werden; dann wird er in der Verzweiflung an der Wahrheit und an seinem Geiste, an allen höheren Ideen, sich blindlings in die Materie stürzen; dann wird er alle geistigen Bande zerreißen, welche ihn mit anderen Menschen vereinigen und endlich ein Atom unter vielen anderen Atomen werden, die alle vereinzelt auf eigenen Irrwegen wandeln.

Je mehr dieser Geist des Scepticismus, der Verzweiflung an höherer Wahrheitserkenntniß in unseren Tagen zugenommen hat, desto weniger können wir uns wundern, daß Gott wieder in außerordentlicher Weise zu den Menschen reden will, um sie von diesen Irrwegen zurückzuführen.

VII.

Gegenstand und Grenzen des unfehlbaren Lehramtes der Kirche.

"Gott der Herr brachte hervor . . den Baum des Lebens in der Mitte des Paradieses und den Baum der Erkenntniß des Guten und des Bösen und ein Fluß ging aus vom Orte der Wonne, um das Paradies zu bewässern." 1. Mos. 2, 9 f.

Die heilige Schrift beginnt die Geschichte der Menschheit mit dem irdischen Paradiese. Sie zeigt uns in demselben einen „Baum des Lebens" und einen „Baum der Erkenntniß des Guten und Bösen[1]." Durch den Genuß vom Baume des Lebens sollten die Menschen das Leben sich bewahren. Sie durften aber nur so lange von demselben essen und dadurch das Leben, welches aus einer übernatürlichen Gemeinschaft mit Gott, dem ewigen Leben und der alleinigen Quelle alles Lebens entspringt, als sie im Gehorsam gegen Gott sich erhielten. Mit dem Ungehorsam ward der Mensch aus dem Paradiese vertrieben, „damit er nicht mehr nehmen könne von dem Baume des Lebens und esse und lebe[2]." Denn er war jetzt dem Tode, der Trennung von Gott verfallen. Neben dem Baume des Lebens und der Erkenntniß sehen wir dann noch den Strom, der von dem Orte der Wonne ausgeht, „um das Paradies zu bewässern[3]."

Wie die göttliche Offenbarung aber mit dem Anfang der irdischen Dinge beginnt, so schließt sie mit dem Ende derselben, wo sie in die Ewigkeit übergehen. Wie daher die ersten Bücher vom irdischen Paradiese reden, so reden die letzten Bücher der heiligen Schrift vom ewigen Paradiese, von dem jenes nur ein Vorbild war. Dadurch erkennen wir nun mit voller Klarheit den

---

1) 1. Mos. 2, 9. — 2) 1. Mos. 3, 22. — 3) 1. Mos. 2, 10.

wahren erhabenen Sinn jener Vorbilder im ersten Paradiese. Da zeigt uns der heilige Johannes „den neuen Himmel und die neue Erde, die heilige Stadt, das neue Jerusalem," „das Zelt Gottes bei den Menschen, wo er bei ihnen wohnt und sie sein Volk sind, und Gott selbst mit ihnen ihr Gott ist und jeg= liche Thräne von ihren Augen trocknet[1])." Dort ist er das Alpha und das Omega, der Anfang und das Ende. Er gibt dort dem Dürstenden aus der Quelle des Wassers des Lebens[2]). Dort ist die Herrlichkeit Gottes und das Leuchten derselben ist, wie das Licht sich bricht in der Farbe aller Edelsteine und Kry= stalle[3]). Und einen Tempel sah er nicht, denn der Herr Gott, der Allmächtige ist ihr Tempel und das Lamm. Und die Stadt bedarf nicht der Sonne und des Mondes, daß sie ihr leuchten, denn die Herrlichkeit Gottes erleuchtet sie und ihr Licht ist das Lamm[4]). Dann sieht der heilige Johannes einen Strom le= bendigen Wassers. Er ist hell wie Krystall und er geht aus von dem Throne Gottes und des Lammes. An diesem Strome steht wieder wie im Paradiese der Baum des Lebens, und die Blätter des Baumes sind zur Heiligung der Völker. Unter diesen steht der Thron Gottes und des Lammes und sie sind seine Diener. Und sie sehen sein Angesicht und tragen seinen Namen auf ihrer Stirne. Und Nacht ist nicht mehr, und nur mehr Licht, das von Gott selbst ausstrahlt, und sie herrschen mit ihm von Ewigkeit zu Ewigkeit[5]). Das ist das himmlische Paradies. Hier sind alle Bilder und Vorbilder in der Natur und Offenbarung im alten und neuen Bunde verschwunden. Da ist Gott alles; da ist kein Zelt, kein Tempel, da ist kein Paradies, da ist kein Licht und kein Wasser, da ist kein Brod und keine Nahrung, da sind alle Zeichen, alle Schatten, alle Bilder verfallen, da ist nur das ewige Leuchten Gottes und des Lammes und die ewige Commu= nion der Geschöpfe in der Theilnahme am Leben Gottes selbst.

Zwischen jenem ersten Paradies, von dem Moses erzählt, und diesem letzten ewigen, von dem der heilige Johannes redet, steht der alte und der neue Bund; der alte als Schatten des neuen, wie dieser wieder in gewissem Sinne Schatten des ewigen Bundes im Himmel ist. Wir können uns daher nicht

---

1) Offenb. 21, 1—4. — 2) A. a. O. Vers 6. — 3) A. a. O. Vers 11.
4) A. a. O. Vers 22—23. — 5) Offenb. 22, 1—5.

wundern, wenn wir auch in dieser Zeit der Vorbereitung auf das ewige Paradies in der Kirche Gottes göttliche Institutionen finden, die nach ihrem Wesen und ihrer Bedeutung ganz mit jenen Bildern im Paradiese und ihrer Erfüllung im ewigen Leben zu= sammenfallen. Auch die Kirche Gottes auf Erden hat den Lebens= baum im allerheiligsten Altarsacramente, dessen Frucht wir essen, und dadurch ewiges Leben und Heiligung erlangen. Auch die Kirche Gottes hat ihren Strom lebendigen Wassers, der von dem Throne Gottes und des Lammes ausgeht und in den sieben Sacramenten sich über die Seelen ergießt. Auch die Kirche Gottes hat ihren Baum der Erkenntniß in dem Lehramte der Kirche. Wer sich ihm unterwirft, erhält Zutritt zum Lebensbaum, wer sich ihm nicht unterwirft, darf auch die Frucht des Lebensbaumes nicht genießen. Wie an dem Baume der Erkenntniß das Gute und Böse offenbar wurde durch Gehorsam oder Ungehorsam, so wird auch an diesem Baume der Erkenntniß, an diesem göttlichen Lehr= amte das Gute und Böse in uns offenbar, je nachdem wir uns ihm im Gehorsam unterwerfen, oder in Empörung und Stolz des Geistes uns dagegen auflehnen.

Je wichtiger aber dieser Gehorsam gegen die Kirche ist, je schwerer es dem Menschen fällt, seinen geistigen Stolz, welcher sich, wie der Apostel sagt, gegen die Erkenntniß Gottes erhebt[1]), zu überwinden und den Verstand im Gehorsam gegen Christus ge= fangen zu geben, desto nothwendiger ist es, von dem Umfang dieser göttlichen Lehrgewalt einen wahren entsprechenden Begriff zu haben und alle irrigen Vorstellungen fern zu halten. Auch hier können wir das Wort des Herrn anwenden, daß sein Joch süß und seine Bürde leicht ist[2]). Wenn dennoch Vielen der Ge= danke unerträglich ist, ihren Verstand Christus und seiner Kirche gefangen zu geben, so kommt es nicht selten daher, weil sie von dem Umfange der Lehrgewalt der Kirche ganz irrige Begriffe haben. Es ist daher wichtig, ihren wahren Gegenstand wie ihre Grenzen genau zu kennen und zu wissen, welche Aussprüche der Kirche wir als Aussprüche ihrer unfehlbaren Lehrautorität aner= kennen müssen.

Die Kirche hat als die von Christus gegründete Anstalt, um seine Lehre ungetrübt und rein bis an das Ende der Welt

---

1) II. Cor. 10, 5. — 2) Matth. 11, 30.

allen Völkern zu verkünden, eine dreifache Aufgabe erhalten. Sie ist die von Christus bestellte Zeugin seiner Lehre, sie ist die von ihm bestellte Richterin über den wahren Inhalt seiner Lehre, sie ist endlich die Lehrerin seiner göttlichen Lehre. Diese dreifache Aufgabe zeigt uns auch den Gegenstand und die Grenzen ihrer Lehrautorität. Wir müssen sie unter diesem Gesichtspunkte näher betrachten, selbst auf die Gefahr hin, einiges zu wiederholen, was wir bereits angedeutet haben.

Sie ist erstens die von Christus bestellte Zeugin seiner Lehre und soll als solche von derselben allen Menschen bis zu den spätesten Geschlechtern mit derselben Sicherheit und Gewißheit Kunde geben, wie es damals geschehen, als Christus selbst sie verkündete. Der Heiland sagt über den Zweck seiner Erscheinung auf Erden: „Dazu bin ich geboren und dazu in die Welt gekommen, um von der Wahrheit Zeugniß abzulegen. Wer immer aus der Wahrheit ist, hört meine Stimme[1]." Er ist ein vollgiltiger Zeuge für die Wahrheit, da er ja als Gott die Wahrheit selbst und ein ewiger Zeuge des göttlichen Lebens in der allerheiligsten Dreifaltigkeit ist. Aber was hätte uns allen, die wir nicht mit ihm gelebt, nicht ihn, diesen Gottessohn, gesehen und gehört haben, dieses Zeugniß genützt, wenn wir nur solche Zeugen seiner Lehre hätten, die wie alle Menschen an sich dem Irrthume unterworfen wären. Eine Nachricht, welche mir gebracht wird, hat, sie mag an sich und ihrem Ursprunge nach noch so gut bezeugt sein, für mich doch nur die Glaubwürdigkeit des letzten Zeugen, der sie mir bringt. Ist dieser dem Irrthum unterworfen oder selbst unglaubwürdig, so bleibt sie mir ungewiß, sie mag in ihrem Ursprung noch so gewiß sein. Wenn daher das Zeugniß Jesu Christi für die Wahrheit aller später lebenden Menschen nicht wieder verloren gehen oder wenigstens ganz unsicher werden sollte, eine Annahme, welche eine übernatürliche Offenbarung zwecklos und folglich unvernünftig machen würde, so mußte er für alle spätere Zeiten Zeugen mit einer ähnlichen Glaubwürdigkeit, wie er sie selbst als Gott-Mensch hatte, für seine Lehre aufstellen. Das waren und sind aber die Apostel und die „auf dem Fundamente der Apostel[2]" in ununterbrochenem Zusammenhange, wie ein Stein des Gebäudes den andern trägt, auferbaute apostolische

---

1) Joh. 18, 37. — 2) Ephes. 2, 20.

Kirche, welche Christus selbst wie das Haupt die Glieder zusam=
menhält [1]), und in welcher der Geist der Wahrheit gegenwärtig ist,
um sie „alles zu lehren und an alles zu erinnern [2]),“ was Christus
gelehrt hat. Als Zeugen von seiner Lehre und seinem Werke hat
er seine Apostel in demselben feierlichen Augenblicke bestellt, als
er die Welt verlassen wollte, und ihnen noch zuletzt den Auftrag
wiederholt, seine Lehre allen Geschöpfen zu verkünden. Indem er
auf die Verheißung hinwies, welche er ihnen vor seinem Leiden
gegeben, sprach er: „Ihr werdet die Kraft des heiligen Geistes, der
auf euch herabkommen wird, empfangen, und ihr werdet mir
Zeugen sein in Jerusalem und in ganz Judäa und Samaria und bis
an die Grenzen der Erde [3]).“ Das war die Ausrüstung, die
armatura Dei [4]), wie der Apostel sie nennt, für das Apostolat, und
das war der Auftrag, die Sendung: die Ausrüstung, der heilige
Geist selbst mit seiner göttlichen Kraft; der Auftrag: „Ihr sollt
mir Zeuge sein.“ So ist es, so bleibt es, von seiner Himmel=
fahrt bis zu seiner Wiederkunft. Bis dahin ist die Kirche,
mit ihrem Fundamente, den Aposteln, auf Erden die Zeugin
Jesu. Was Christus durch seine Gottheit war, also aus sich
selbst, Zeuge der ewigen Wahrheit, ist die Kirche, so weit sie
aus Menschen besteht, nicht aus sich, sondern durch die Kraft
Jesu Christi; und wie Christus Zeugniß ablegt von sich selbst,
so legt die Kirche Zeugniß ab von Christus. Als Zeugen Christi
traten die Apostel gleich nach dem ersten Pfingstfeste auf. „Diesen
Jesus hat Gott auferweckt; deß sind wir alle Zeugen [5]).“ Das
wiederholt der heilige Petrus, so oft er öffentlich redet: „Wir
sind Zeugen von allem, was er im Lande der Juden und in
Jerusalem gethan hat [6]).“ An die Stelle des Verräthers Judas
wird Matthäus gewählt, damit er mit den Aposteln ein Zeuge
der Auferstehung Jesu [7]) sei. Dieses Zeugniß haben die Apostel
fortgesetzt in der Kirche durch ihre Nachfolger bis heute. Die
Kirche aber, indem sie Zeugniß gibt von Jesus, seinem Leben,
seinem Tode, seiner Auferstehung, kann immer wie die Apostel
sagen: „Was wir gehört, was wir mit unsern Augen

---

1) Ephes. 4, 15 f. — 2) Joh. 14, 26. — 3) Apostelg. 1, 8. —
4) Ephes. 6, 11. — 5) Apostelg. 2, 32; vgl. 3, 15. — 6) Apostelg. 10, 39.
und 5, 32. — 7) Apostelg 1, 22.

gesehen, was ... unsere Hände berührt haben, .. das be=
zeugen und verkünden wir euch[1] " Sie ist dieselbe in ihrem
Anfange und heute; sie ist der lebendige Leib Christi, sie ist in
ihrem Anfange zur Zeit der Apostel Zeugin des Lebens, der Him=
melfahrt Jesu gewesen, wie sie einst Zeugin seiner Wiederkunft
sein wird. Sie bezeugt allen Völkern, was sie selbst von Jesus
gesehen hat. Wenn aber Christus selbst seine Glaubwürdigkeit
durch Erfüllung aller Prophezeihungen des alten Bundes und
durch Wunder, zuletzt durch seine Auferstehung bestätigt hat, so
trägt auch die Kirche in ihrem Bestehen seit achtzehnhundert Jahren,
in ihrem wunderbaren Leben, das eine offenbare Erfüllung aller
Verheißungen Jesu ist, das überall Gotteskraft und Gottes=
wirken bekundet und auch die Wunder Jesu in dem Wirken
der Heiligen durch alle Jahrhunderte fortsetzt, — in ihren
vier großen Merkmalen der Einheit, Allgemeinheit, Aposto=
licität und Heiligkeit das höchste und übernatürliche Siegel der
Glaubwürdigkeit an sich. Nicht von einem todten Buchstaben
wird auf Erden das Leben des Gottmenschen bezeugt, sondern
von der Kirche, die das Siegel der Göttlichkeit an sich trägt.

Die Kirche ist zweitens die von Christus bestellte Rich=
terin über die wahre Lehre Jesu bei eintretenden Streitig=
keiten, über ihren Inhalt und Sinn. Das ist eine nothwen=
dige Folge der eben besprochenen Vollmacht. Wenn die Kirche
allen Menschen eine beglaubigte Zeugin der wahren Lehre Jesu
sein soll, so muß sie auch bei entstehenden Streitigkeiten über
Sinn und Inhalt dieser Lehre eine von Christus bestellte Rich=
terin sein. Der göttliche Heiland, welcher wollte, daß seine
Lehre allen Menschen und Völkern bis an das Ende der Welt ver=
kündet werden sollte, wußte zugleich, welche Gefahr seine Lehre
vor allem bedrohte. Schon an sich war es der Natur der Dinge
nach unmöglich, daß über seine Lehre, da sie für die fernsten
Jahrhunderte und für alle Völker mit den verschiedensten An=
sichten, Sprachen, Begriffen bestimmt war, im Laufe der Zeit
nicht die verschiedensten Ansichten entstehen würden. Wo findet
sich ein Buch, vor tausend Jahren geschrieben, unter einem an=
deren Volke mit anderen Sitten, in einer fremden Sprache, das
nicht zu den verschiedensten Auslegungen Anlaß gibt. Dazu

[1] 1. Joh. 1, 1—3.

kam, daß er das Reich der Wahrheit im Kampfe gegen den
Lügengeist gründen wollte, und wie kann die Lüge die Wahrheit
anders als durch Entstellung bekämpfen. Endlich wollte er durch
seine Lehre das Böse, die Sünde, die Leidenschaften des mensch=
lichen Herzens überwinden, und alle diese bösen Richtungen
des Menschenherzens mußten Bundesgenossen des Lügengeistes
werden, um die Lehre Jesu nach ihrem Sinne auszule=
gen. Deßwegen warnte der Heiland so dringend vor den
falsch'n Propheten, welche auftreten würden 1). Wie hätte er
seine Lehre ohne hinreichendes Schutzmittel gegen alle diese Ge=
fahren einer Entstellung lassen können, ohne es den Menschen, für die
sie bestimmt war, unmöglich zu machen, sie zu finden. Traten
doch schon zur Zeit der Apostel Irrlehrer auf, welche die Grund=
lagen der christlichen Wahrheit zu erschüttern drohten; und so ist
es geblieben durch alle Jahrhunderte. Von den ersten Zeiten an
erkannten die Christen in der Verfälschung der reinen Lehre Jesu
eine schwerere Verfolgung der Kirche, als selbst die blutigen es
waren. Nur die Kirche bewahrt das göttliche Mittel zur Ent=
scheidung dieser Spaltungen. Wer dieses Mittel nicht aner=
kennt, der muß nicht nur für sich darauf verzichten, unter dem
Widerstreit zahlloser Streitigkeiten über die Lehre Jesu, mit
Sicherheit die wahre zu finden, er muß auch zugeben, daß Christus
selbst durch seine Einrichtung es dem Menschen unmöglich ge=
macht habe, seine wahre Lehre mit voller Gewißheit zu er=
kennen. Dieses Mittel ist aber kein anderes als das bei dem
ersten Streite auf dem apostolischen Concil angewandte: die
Entscheidung des heiligen Geistes durch das in der Kirche
gegründete Apostolat. Der Apostel Paulus sagt von den
christlichen Wahrheiten, die er verkündete: „Meine Rede und
meine Predigt bestand nicht in überredenden Worten menschlicher
Weisheit, sondern in Erweisung von Geist und Kraft, damit euer
Glaube nicht auf Menschenweisheit beruhe, sondern auf Gottes
Kraft. Indeß lehren wir doch Weisheit bei den Vollkommenen,
aber nicht Weisheit dieser Welt, noch der Großen dieser Welt,
die zu nichte werden, sondern wir lehren Gottes Weisheit, die
im Geheimnisse verborgen war, welche Gott vor aller Zeit zu
unserer Herrlichkeit bestimmt hat 2).“ Daraus zieht dann der

---

1) Matth 7, 15. — 2) 1. Cor. 2, 4—7.

Apostel eine wichtige Folgerung: „Wer von den Menschen weiß, was des Menschen ist, als nur der Geist des Menschen, der in ihm selbst ist? So erkennt auch keiner, was Gottes ist, als nur der Geist Gottes. Wir aber haben nicht den Geist dieser Welt empfangen, sondern den Geist, der aus Gott ist, damit wir wissen, was von Gott uns gegeben ist[1])". Damit ist ein für allemal im tiefsten Grunde die Unmöglichkeit für den Menschen nachgewiesen, über die Lehre Jesu und ihren höheren übernatürlichen Sinn mit rein natürlichen Mitteln ins Reine zu kommen. Nur wo der Geist Gottes ist, kann über den Sinn dieser Lehre entschieden werden. Hier begegnet uns dasselbe Verhältniß. Wie eine übernatürliche Thatsache ihre übernatürliche Gewißheit nur bewahrt durch einen Zeugen, der eine höhere, als bloß menschliche Beglaubigung hat, so kann über den wahren Sinn einer göttlichen Offenbarung nur eine höhere, von Gott selbst in übernatürlicher Weise geleitete Lehrautorität Entscheidung geben. Der sich selbst überlassene Menschengeist kann ebenso wenig darüber entscheiden, wie ein Geschöpf niederer Ordnung über das, was die Vernunft des Menschen fordert.

Die Kirche ist drittens vermöge ihres Lehramtes die von Christus bestellte Lehrerin der Wahrheit. „Lehret alle Völker[2])," „prediget das Evangelium allen Geschöpfen[3])." Sie hat die allein legitime Sendung zum Apostolate, im Großen und im Kleinen, in der Verbreitung des Christenthums unter allen Völkern, wie im Unterricht des christlichen Volkes selbst. Nur sie hat die Mission von Christus und deßhalb nur sie eine rechtmäßige Mission. Von allen Andern, die ohne diese Mission lehren, gilt, was die Apostel auf dem apostolischen Concil an jene Judenchristen nach Antiochien schrieben, welche die damalige Streitfrage veranlaßt hatten: „Wir haben gehört, daß Einige, welche von uns ausgegangen sind, euch durch ihre Lehren beunruhigt und eure Geister verwirrt haben; denen wir aber keinen Auftrag gegeben hatten[4])."

Aus dieser dreifachen Aufgabe des unfehlbaren Lehramtes der Kirche ergeben sich nun auch die Grenzen der Un=

---

1) A. a. O. Vers 11. f. — 2) Matth. 28, 29. — 3) Mark. 16, 15. — 4) Apostelg. 15, 24.

fehlbarkeit der Kirche von selbst. Wir faffen sie in drei Grundsätzen zusammen.

Erstens: Der ausschließliche Gegenstand der Unfehlbarkeit der Kirche ist also die übernatürliche Offenbarung, insbesondere die Lehre Jesu, die geoffenbarte Glaubens = und Sittenlehre. Dazu gehört, weil sonst die Kirche diese ihre Aufgabe, die Lehre Jesu rein und unverfälscht zu erhalten, nicht erfüllen könnte, nothwendig auch die Entscheidung darüber, ob sich eine solche Entstellung der Lehre Jesu wirklich in einem bestimmten Lehr= system vorfindet [1]). Darüber hinaus geht aber nicht die Un= fehlbarkeit der Kirche. Ein treues Kind der Kirche wird zwar Lehren, welche in der Kirche ein großes Ansehen haben von Männern, ausgezeichnet durch Weisheit und Heiligkeit, vor= getragen und von der Kirche nicht nur lange Zeit gebul= det, sondern gefördert worden sind, auch dann sehr in Ehren halten, wenn sie sich über Gegenstände verbreiten, die nicht zum Inhalt der göttlichen Offenbarung gehören und das um so mehr, je inniger sie mit der Offenbarung zusammen hängen. Wer davon überzeugt ist, daß der heilige Geist die Kirche leitet, wird schwer annehmen, daß Lehren, welche ein großes Ansehen in der Kirche lange Zeit genießen, ohne Grund sein sollten. Er wird sie daher nur nach der reifsten Prüfung und in Folge zwingender Gründe verwerfen. Etwas anderes aber ist diese Gesinnung, welche den Hochmuth ausschließt, und etwas anderes die Pflicht der Unterwerfung unter das unfehlbare Lehramt der Kirche. Diese erstreckt sich nur auf die Glaubens = und Sitten= lehre der übernatürlichen Offenbarung. Daraus ergibt sich aber, wie sehr Jene im Irrthum sind, welche meinen, die Kirche könne unser freies Denken beliebig beschränken und nach Willkür alles Denkbare ihrem unfehlbaren Lehramte unterwerfen. Die geoffen= barten Wahrheiten bilden nur einen Theil von dem Allen, was der Menschengeist zu denken und zu erforschen vermag. Sie sind nur wie Grundpfeiler, auf welche der Mensch den Bau der Erkenntniß aufführen soll; sie sind von Gott errichtete Säulen auf dem Wege des menschlichen Lebens, welche ihm die Irrwege,

---

1) Die sogenannten dogmatischen Thatsachen. Sonst wäre jeder Irr= lehrer im Stande, die Entscheidung der Kirche immer durch die Behauptung abzuwenden, die Kirche habe ihn nicht richtig verstanden.

die zum Verderben, und den wahren Weg, welcher zum
Leben führt, zeigen. Freilich stehen sie mit andern Wahr=
heiten in innerer Verbindung, und der Christ, welcher in der
Kirche die Anstalt Gottes erkennt, behält deßhalb nicht die Frei=
heit, auf anderen Gebieten des menschlichen Erkennens mit sich
selbst und mit den göttlichen Offenbarungslehren in Widerspruch
zu treten. Das ist aber keine Hemmung vernünftiger Freiheit,
sondern nur eine Anerkennung des auch von der Vernunft geforderten
Satzes, daß eine Wahrheit einer anderen Wahrheit nicht wider=
sprechen kann[1]). Die geoffenbarten Glaubenswahrheiten hemmen
nicht das Denken, sondern geben, weil sie Licht und Leben
sind, demselben vielmehr seine höchste Kraft. Das bezeugt ge=
rade auch die letzte Periode des Mittelalters. Wenn der Glaube
die geistige Kraft und Energie der Menschen lähmte, dann hätte
doch am Ende des Mittelalters, diesem Zeitalter des Glaubens,
eine geistige Lethargie vorhanden sein müssen, die allen geistigen
Aufschwung verhindert hätte. Das gerade Gegentheil war der
Fall. Selbst noch das Ende des Mittelalters war die Zeit
einer großen geistigen Frische und Bewegung. Die Gründung
zahlreicher Universitäten mit ihren angefüllten Hörsäälen, mit
ihrer Begeisterung für die Wissenschaft; selbst der Humanis=
mus, welcher in kurzer Zeit eine Reihe von Männern hervor=
rief, die sich der alten klassischen Formen der Sprache und
der Kunst mit einer Meisterschaft bedienten, die den Meistern des
Heidenthums nicht nachsteht, sind dessen Zeugen. Freilich schwoll
diese geistige Strömung so hoch an, daß sie die Dämme durch=
brach, die Gott ihr gesetzt hat, und dadurch statt segensreich,
verderblich wurde. Sie zeigt aber, daß die ewigen Wahrheiten, welche
das unfehlbare Lehramt der Kirche hütet, ein heiliges, göttliches,
geistiges Feuer sind, welches den Geist der Menschen nicht tödtet,
sondern ihn entflammt im Streben nach Erkenntniß und Wahrheit.

Zweitens: Nicht alles, was in der Kirche auch von Denen,
welche eine Sendung zum Lehramt haben, gelehrt wird, fällt
unter den Begriff der unfehlbaren Aussprüche der Kirche, sondern
nur jene Entscheidungen über den wahren Inhalt der Offenbarung,
welche sich auch ihrer Form nach als dogmatische Aussprüche der

---

1) Vgl. Möhlers Symbolik §. 36.

Kirche kund geben. Diese Bestimmung der Grenzen des un=
fehlbaren Lehramtes der Kirche ist von hoher Wichtigkeit. Die
Kirche äußert ihr Lehr=Apostolat in der mannigfaltigsten Form.
Bald übt sie es durch den einfachen Priester, bald durch den
Bischof, bald durch den Papst; bald schriftlich, bald mündlich.
Selbst jene Glieder der Kirche, welche nicht durch die Weihe am
Apostolate unmittelbar Antheil haben, können in einem gewissen
Verhältniß Organe der lehrenden Kirche sein. So war es oft bei
Heiligen der Fall. Da entsteht also die Frage: Welche sind jene
Aussprüche, denen wir uns als Erklärungen der unfehlbaren Lehr=
autorität unterwerfen müssen? Diese Frage ist um so wichtiger, da
es keine andere gibt, bei welcher das Höchste im Menschen, seine
Vernunft, mehr betheiligt wäre. Die menschliche Vernunft, das
Höchste, Heiligste, Erhabenste der menschlichen Natur, das Licht
seiner Seele, wodurch diese für das Licht und dessen ewige Quelle
empfänglich ist, hat zwei Gefahren. Einmal falsche Autoritäten,
die in das geistige Heiligthum des Menschen eindringen und dort
das Licht verdunkeln; zweitens eine unberechtigte Unabhängigkeit,
wodurch die Seele unvermerkt wieder zahllose falsche Autoritäten
der ungeordneten Selbst=, Welt= und Sinnen=Liebe in sich zuläßt,
während sie glaubt, Herrin zu sein. Inmitten dieser beiden Ge=
fahren bewegt sich die innerste Geschichte der Menschheit. Wenn
daher Christus in der Kirche dem Menschen zum Schutze gegen
diese Gefahren eine wahre Autorität geben wollte, so wollte er
zugleich die Menschen sicher stellen, damit unter diesem Scheine
nicht wieder falsche Autoritäten sich dem Geiste der Menschen auf=
drängen konnten. Nicht alle Acte der Organe der Lehrgewalt der
Kirche sind daher Acte ihres unfehlbaren Lehramtes, sondern
nur jene, die sich als Entscheidungen über den Inhalt der Offen=
barung in der rechten Form kund geben. Andere Aussprüche der
Lehrer der Kirche ohne eine solche Form, welche die Absicht einer
Lehrentscheidung kundgibt, fallen nicht unter den Begriff der un=
fehlbaren Aussprüche des Lehramtes. Das gilt auch von päpst=
lichen Erlassen, mögen sie an sich, da sie vom Oberhaupte der
Kirche ausgehen, noch so belehrend, noch so ehrwürdig sein; das
gilt von politischen Aeußerungen, welche in ihnen enthalten sind
und vielfach mit der jedesmaligen Weltlage zusammenhängen;
das gilt von vielen Anordnungen des kanonischen Rechtes. Wir
finden dort überall Weisheit, Belehrung; wir sind, so weit sie

das Recht der Kirche bilden, Gehorsam schuldig, es wäre aber überaus irrig, sie alle als Acte der unfehlbaren Kirche anzusehen.

Drittens: Selbst die unfehlbaren Aussprüche der Kirche sind aber für uns und. die Menschheit nicht so fertig und abgeschlossen, daß nicht auch hier ein Fortschritt mög= lich wäre. Alle Sittengesetze der Christenheit sind als Aus= druck des ewigen göttlichen Gesetzes unwandelbar, in Hinsicht auf das Leben des einzelnen Menschen und. aller gesellschaftlichen Bande seines Zusammenlebens sind sie aber einer Entfaltung fähig, die sich im voraus nicht berechnen läßt. So sind auch alle Glaubenswahrheiten als Ausdruck der ewigen göttlichen Wahrheit unwandelbar, in Hinsicht auf unseren Geist und auf die wissenschaftliche Erfassung derselben können sie aber wachsen, mehr und mehr, bis sie ins ewige Schauen übergehen. Das ist der wahre beseligende Fortschritt: die göttlichen Keime, welche Gott in seinem Gesetze und seiner Glaubenslehre niedergelegt hat, immer mehr im Leben des Einzelnen und aller menschlichen In= stitutionen zu entfalten.

Das ist also die Grenze des unfehlbaren Lehramtes; es erstreckt sich erstens nur auf den Kreis der offenbarten Glaubens= und Sittenlehre, insbesondere auf die Lehre Jesu; zweitens nur auf jene Aussprüche der Kirche, welche sich als dogmatische Ent= scheidungen über die Glaubens= und Sittenlehre für alle kund geben. Drittens auch bezüglich dieser erklärten Glaubens = und Sitten= lehre findet kein Stillstand statt, sondern ihre Anwendung auf das Leben des Einzelnen und der Gesellschaft, wie auch die gei= stige Erfassung derselben und die Einsicht in ihren Zusammenhang mit allen anderen übernatürlichen und natürlichen Wahrheiten läßt einen Fortschritt zu, der nicht eher ein Ende hat, bis wir statt des Gesetzes Gottes und seiner Offenbarung Gott selbst besitzen und schauen werden.

So sehen wir in dieser Lehre von der Unfehlbarkeit der Kirche auf der einen Seite die Freiheit des Geistes vollkommen gewahrt, und auf der anderen Seite diese Freiheit so beschränkt, wie es das Wesen der menschlichen Freiheit selbst erfordert, wenn sie nicht sich selbst durch Schrankenlosigkeit zerstören will. Eine wunderbare Weisheit Gottes in der Leitung seines Geschöpfes, das in Freiheit und doch wieder in rechter Beschränkung nur seine Vollendung erreicht. Beides ist ihm gleich nothwendig.

VIII.

Organe des unfehlbaren Lehramtes der Kirche.

„Du bist Petrus (der Fels) und auf diesen Felsen
will ich meine Kirche bauen und die Pforten der
Hölle sollen sie nicht überwältigen.“

Matth. 16, 18.

Nachdem wir den Gegenstand und die Grenzen der Un=
fehlbarkeit der Kirche kennen gelernt haben, müssen wir zu den
Organen übergehen, wodurch sie ihr Lehramt, ihr Apostolat übt.

Durch wen bethätigt die Kirche ihr Lehramt? In welchem
Verhältniß steht die Lehrgewalt der Bischöfe, des Papstes, der
Concilien? Welche Stelle nimmt im Apostolate der Papst ein?
Ist der Papst unfehlbar? Steht ein allgemeines Concil über
dem Papst?

Diese Fragen müssen wir beantworten, wenn wir ein rechtes
Verständniß von diesem göttlichen Vorrechte der Kirche, ihrer Un=
fehlbarkeit gewinnen wollen.

Daß die Kirche als „Corpus Christi — Leib Christi,“ wie
der Apostel sie so oft nennt, unfehlbar sein muß, versteht sich
eigentlich ebenso von selbst, als daß alle Glieder dieses Leibes
an sich fehlbar, dem Irrthum unterworfen sind. Wir bedürfen
daher vor allem einer näheren Einsicht, wie dieses Göttliche an
der Kirche, welchem allein die Eigenschaft der Unfehlbarkeit an
sich zukömmt; wie Christus, der mit seiner göttlichen Kraft in
diesem Leibe gegenwärtig ist und die Menschen als Glieder
vereint und sich einpflanzt; wie der heilige Geist, der Geist der
Wahrheit, welcher in ihr wohnt, sich durch menschliche Organe
kund gibt, ohne von der menschlichen Irrthumsfähigkeit berührt
zu werden. Christus, das ewige Licht, läßt sein Licht leuchten,
aber durch irdische Mittel; wie geschieht es da, daß die Klarheit

des göttlichen Lichtes nicht durch diese beeinträchtigt wird? Durch
welche Einrichtungen hat Christus dafür gesorgt?

1. An der Unfehlbarkeit der Kirche erlangt schon jeder
wahre Christ einen gewissen Antheil und zwar in dem Umfange,
als er durch die äußere Thätigkeit der Kirche, mit der er zu=
nächst in Beziehung kommt, in die innere Gemeinschaft mit der
Seele der Kirche eintritt. Die Seele der Kirche besteht erstens
in jenen übernatürlichen Gaben, welche der Christ in der Kirche
empfängt, nämlich die heiligmachende Gnade, wodurch er über
seine natürlichen Fähigkeiten hinaus in einen höheren Zustand er=
hoben wird. Sie sind eine himmlische Zugabe zur Natur. Die
natürlichen Gaben sind eine erste Gabe, die Gott uns gegeben
hat, die übernatürlichen eine zweite Gabe um des Verdienstes
Christi willen. Die Seele der Kirche besteht ferner in dem der Seele
durch jene Gaben verliehenen höheren Leben für Gott, welches
sich durch Glaube, Hoffnung und Liebe vollzieht. Sie besteht
endlich drittens in dem Leben in Christo und im heiligen Geiste
selbst; denn die innigste persönliche Verbindung der Gläubigen mit
Christus als Glieder seines Leibes und mit dem heiligen Geist als
Tempel, in welchen er wohnt, um uns zu lebendigen und ewigen
Tempeln seiner göttlichen Herrlichkeit zu gestalten, ist ja die höchste
Bestimmung der Kirche. Je tiefer der Geist nun eingeht in
dieses innere Gnadenleben, in diese Seele der Kirche, desto mehr
Antheil erlangt er an dem göttlichen Inhalt desselben, desto mehr
wird er vom Geiste der Wahrheit erfüllt und in einem ge=
wissen Verhältniß unfehlbar. Solche Christen können dann auch
an der Lehrthätigkeit der Kirche, ohne besondere ordentliche
Sendung, tiefeingreifenden Antheil erlangen. Viele sind in
dieser Weise große Lehrer in der Kirche, Lehrer der Lehrer ge=
geworden, vor allem in jener Weisheit des höheren christlichen
Lebens, welche der heilige Geist den Seelen unmittelbar mit=
theilt. Diese Christen sind aber nicht die ordentlichen Organe des
Apostolats in der Kirche.

2. Ordentliche Organe des unfehlbaren Lehramtes der Kirche
sind erstens alle von ihr bestellten, durch die heiligen Weihen dazu
ausgerüsteten Lehrer der geoffenbarten Wahrheit, insbesondere
also jene Priester, welche in jeder einzelnen Gemeinde die bestellten
Lehrer der Kirche sind. Sie sind zwar nicht persönlich irrthumslos
bei Verkündigung der Lehre Jesu; bei der wunderbaren Einricht=

ung der Kirche, wo derselbe Geist der Wahrheit, der die Kirche leitet, auch in den Seelen der Einzelnen wohnt, wo ein einiges tiefes Verständniß der Lehre Jesu den ganzen Körper der Kirche durchbringt, wo das ganze christliche Volk von dem Gedanken erfüllt ist, daß der Lehrer nicht seine Lehre, sondern Christi und der Kirche Lehre verkünden muß, wo endlich die Kirche selbst darüber wacht, daß die göttliche Hinterlage des Glaubens unversehrt bleibe, entsteht jedoch selbst bei Uebung dieses Lehramts eine Stetigkeit, eine Sicherheit, eine Einstimmigkeit, die überall den Charakter einer unfehlbaren Wahrheit, die durch alle diese Organe spricht, an sich trägt.

3. Organe des unfehlbaren Lehramtes sind dann in höherer Stufe die Bischöfe der Kirche. Als Nachfolger der Apostel nehmen sie eine andere Stelle zum unfehlbaren Lehramt der Kirche ein, als jene Lehrer der ersten Stufe. Sie haben zwar auch nicht die persönliche Unfehlbarkeit, wie die Apostel sie nach dem Glauben der Kirche hatten; sie sind aber für ihre Diöcese die bestellten Apostel der Kirche, mit einer ähnlichen Vollmacht von Christus ausgerüstet, wie die Apostel; sie sind deßhalb wie jene die Lehrer, die Zeugen, die Richter der Lehre Jesu für ihre Diöcese, so lange sie in Vereinigung mit dem gesammten Apostolate und mit dessen Oberhaupte, dem Nachfolger des heiligen Petrus stehen.

4. Abermals ein höheres Organ des unfehlbaren Lehramtes der Kirche ist der Papst. Als Nachfolger des heiligen Petrus nimmt er zu demselben eine andere Stelle ein wie die übrigen Bischöfe. Um dieses wichtige Verhältniß zwischen dem Lehramte des Papstes und dem Lehramte der Bischöfe klar zu machen, wollen wir uns der Worte eines Anderen bedienen:

„Wollen wir den bewunderungswürdigen Plan der Kirche, ihre Verfassung, die Ordnung ihrer Hierarchie und ihrer Diener kennen lernen und die Art und Weise, wie ihr Lehramt immer bestehen wird, und das ihr anvertraute Glaubensgut stets soll rein und unverfälscht überliefert und erhalten werden; so müssen wir das Alles entnehmen aus den Worten Jesu Christi selbst, welcher der göttliche Gründer und Baumeister der Kirche ist.

Betrachten wir nun seine uns gemachten Verheißungen. Alle seine Worte müssen für alle Zeiten sich bewahrheiten und erfüllen, denn es sind Worte Gottes: „Himmel und Erde werden vergehen, aber meine Worte werden nicht vergehen." Wir öffnen das

Evangelium und finden, daß Jesus Christus, nachdem er zwölf Apostel zu seiner Nachfolge berufen und auserwählt, an den Ersten derselben, welchem er den Namen Petrus gegeben, die Worte gerichtet: „Du bist Petrus und auf diesen Felsen will ich meine Kirche bauen und die Pforten der Hölle sollen sie nicht überwältigen. Und ich will dir die Schlüssel des Himmelreichs geben. Alles, was du auf Erden binden wirst, wird auch im Himmel gebunden sein: und alles, was du auf Erden lösen wirst, wird auch im Himmel gelöset sein." Ein anderes Mal spricht er zu ihm: „Ich habe für dich gebetet, daß dein Glaube nicht wanke, und du, einst bekehrt, befestige deine Brüder." Und wiederum: „Weide meine Lämmer! — Weide meine Schafe!" So sprach Christus in Gegenwart der übrigen Apostel zu Petrus allein.

Ferner finden wir, wie Christus auch zu den Aposteln — Petrus, der bereits zum Oberhaupt und Grundstein des sichtbaren Gebäudes der Kirche, zum Inhaber der Schlüsselgewalt und zum Hirten der ganzen Heerde Christi ernannt war, mit einbegriffen — gesprochen hat: „Wie mich der Vater gesandt hat, so sende ich euch. Nehmet hin den heiligen Geist! Was ihr auf Erden binden werdet, das wird auch gebunden sein im Himmel, und was ihr auf Erden lösen werdet, wird auch gelöset sein im Himmel." Ferner: „Gehet in alle Welt, lehret und taufet alle Völker, lehret sie alles halten, was ich euch geboten habe." Wiederum: „Der heilige Geist wird euch alle Wahrheit lehren." Endlich verhieß er allen seinen Beistand mit den Worten: „Und siehe, ich bin bei euch alle Tage bis an's Ende der Welt."

Alle diese Aussprüche Jesu Christi müssen in Erfüllung gehen zu allen Zeiten und in der Art und Weise, wie er sie gethan. Es muß demnach, was er zu Petrus allein gesprochen hat, auch für Petrus allein in Erfüllung gehen; und was er gesagt hat zu allen Aposteln insgesammt, muß gleicherweise erfüllt werden für alle Apostel insgesammt. Alle seine Aussprüche und jeder derselben müssen erfüllt werden. Erfassen wir dies wohl; nicht ein Theil nur muß erfüllt werden, sondern das Ganze. Die Erfüllung eines Theils muß ganz stimmen zu der Erfüllung des andern Theils und aller zusammengenommen.

Bemühen wir uns, ganz durchdrungen zu werden von diesen

Wahrheiten; suchen wir alle diese Aussprüche und Verheißungen stets vor Augen zu haben und dem Geiste gegenwärtig zu erhalten; nichts davon möge uns entgehen. Sehen wir nun, welchen Aufschluß wir aus ihnen gewinnen können, um uns eine vollkommene Idee vom Plane und von der Verfassung der Kirche zu bilden.

Ich sehe ein Collegium von zwölf Aposteln; ich sehe ein Oberhaupt, erwählt als Grundstein, auf den das sichtbare Gebäude der Kirche gebaut ist. Ich sehe, daß diesem Fundamente und dem ganzen Gebäude eine Festigkeit ist verheißen worden, wider welche die Pforten der Hölle nichts vermögen werden; daß diesem Oberhaupte die Schlüssel des Himmelreichs gegeben sind mit einer vollkommenen Macht, zu binden und zu lösen, und da diese Macht verliehen ist Einem allein und von derselben nichts ausgenommen ist, so sind selbst die Apostel ihr untergeordnet. Ich sehe, daß Jesus Christus für dieses Oberhaupt gebetet hat, damit sein Glaube nicht wanke; daß er ihm den Auftrag gegeben, seine Brüder zu stärken, und ihn bestellt hat als Zu Hirten seiner Schafe und Lämmer, d. i. seiner ganzen Heerde, worunter auch die Apostel mit einbegriffen sind. Das sind die Aussprüche und Verheißungen, die sich auf das Fundament, auf das sichtbare Oberhaupt der Kirche, auf den Hirten der ganzen Heerde beziehen.

Da aber diese Heerde sich ausbreiten sollte über die ganze Welt, so hat Jesus Christus auch noch andere Hirten bestellt, die Apostel nämlich, und ich sehe, daß der Herr auch diesen Verheißungen gegeben hat. Um nun den Plan Jesu Christi in seiner ganzen Vollständigkeit zu erfassen, ist es nothwendig, hier das Augenmerk vorzüglich auf zwei Punkte zu richten; erstens darf ich nicht vergessen, daß der Herr nicht zu den Aposteln — abgesondert von Petrus — gesprochen hat, d. i. zu den Aposteln, als getrennt von demjenigen, der bereits zu ihrem Hirten, zu ihrem Oberhaupte und zum Fundamente des ganzen Gebäudes der Kirche ernannt war; zweitens aber daß durch diese den gesammten Aposteln — Petrus mit einbegriffen — gethanen Verheißungen durchaus diejenigen nicht können vernichtet werden, die dem Petrus allein schon gegeben sind. Ich sehe demnach, wie Jesus Christus redend zu den versammelten Aposteln, unter denen auch Petrus gegenwärtig war, zu ihnen sprach: daß wie ihn der Vater gesandt habe, also auch er sie sende; daß er ihnen den heiligen Geist gebe und die Macht zu binden und zu lösen; daß er ihnen befahl, zu gehen in alle Welt, zu predigen und zu taufen, indem er ihnen verhieß den Beistand des heiligen Geistes, wie auch, daß er selbst bei ihnen bleiben würde bis ans Ende der Zeiten.

Da sehen wir die an die Apostel gerichteten Aussprüche und Verheißungen, und ich ziehe aus denselben, gemäß der oben gemachten beiden Bemerkungen, diese zwei Folgerungen:

1) Alle diese Verheißungen sind auch dem Apostel Petrus, dem Collegium der Apostel aber sind sie als vereint mit Petrus gegeben.

2) Durch eben diese Verheißungen werden jene andern, die dem Petrus allein gemacht sind, durchaus nicht aufgehoben.

Es wird demnach Petrus — in nothwendiger Folgerung — um nichts weniger verbleiben: das Oberhaupt, der Grundstein des Gebäudes, der Hirt der Schafe und der Lämmer, selbst der Apostel, endlich der ganzen Heerde; um nichts weniger wird er haben die Schlüssel des Himmelreichs mit jener vollen Macht zu binden und zu lösen, der die Apostel gleichfalls untergeordnet sind; er wird eben so noch ausgerüstet sein mit jener Gabe des Glaubens, der in ihm nie wanken wird, und mit der Autorität, seine Brüder zu stärken.

Bis hierher scheint mir der Plan vortrefflich; wäre aber dieses Gebäude ein Menschenwerk, dann könnte ich die unvermeidlichen Folgen von Schwachheit und Unbestand befürchten. Ich müßte der Besorgniß Raum geben, daß einmal dieses Fundament wanke, und siehe da — es stürzt das ganze Gebäude; daß die Steine vom Fundamente sich trennen, und es erfolgt der Ruin des Hauses; daß der Hirt sich verirre, und er führt die Heerde zu tobbringenden Weiden und Abgründen; daß die Schafe die Stimme des Hirten nicht mehr hören, und siehe da — Verwirrung und Auflösung aller Ordnung unter der Heerde; befürchten müßte ich endlich, daß einerseits das Oberhaupt der Apostel im Glauben wanke, oder andererseits die Apostel die Autorität des Oberhauptes nicht achten; daß das Haupt vom Leibe sich trenne und der Leib vom Haupte — und siehe da — es geht alles zu Grunde — das Haupt und der Leib.

Es sind aber diese Besorgnisse in unserem Falle nur nichtige Schreckbilder. Die Kirche ist kein Menschenwerk, sie ist Gotteswerk und Gott hat solche Aussprüche gethan und solche Verheißungen gegeben, die seinen Bau wider alle derartige Gefahren sichern und beschirmen. Er selbst hat den Fels erwählt, auf den er seine Kirche gegründet, und mit jener Festigkeit sie begabt, daß die Pforten der Hölle sie niemals überwältigen werden. Er selbst hat gebetet, daß der Glaube des Petrus niemals wanke; den Aposteln insgesammt hat er den Beistand des heiligen Geistes verheißen, und daß er selbst bei ihnen bleiben würde bis ans Ende der Zeiten; und wem diese Verheißungen noch nicht zur völligsten Beruhigung genügen, der bedenke, wie der Herr gleichfalls gesagt hat: daß seine Schafe hören werden die Stimme des Hirten und daß nur Ein Schafstall und Ein Hirt sein wird; der bedenke, wie nach dem letzten Abendmahl, das er mit seinen Aposteln hielt, nach jener zärtlichen und bewunderungswürdigen Rede, die der heilige Johannes aufgezeichnet und die man gleichsam das Testament Jesu Christi nennen möchte; der bedenke, sage ich, daß jener göttliche Lehrer einige Augenblicke vor seinem Leiden zu seinem ewigen Vater flehte für die Kirche, für alle Apostel, für alle, die an ihn glauben würden; daß er gefleht hat: „daß alle Eins seien, wie du Vater in mir bist und ich in dir bin, damit auch sie in uns Eins seien, .. damit sie Eins seien, wie auch wir Eins sind." Das sind die Aussprüche und Verheißungen, die den Bestand, die Fortdauer und Einheit der Kirche verbürgen.

Ich sehe nun die bewunderungswürdige Einrichtung und den göttlichen Plan dieses Gebäudes in seiner Ganzheit und Vollständigkeit; ich falle nieder und bete an die Weisheit Gottes in der Gestaltung seiner Kirche, und es schwinden alle Furcht, alle Zweifel, Bedenklichkeiten und Fragen.

An die Stelle des heiligen Petrus brauche ich jetzt nur seinen Nachfolger, den Papst zu setzen und an die Stelle des mit Petrus vereinigten Collegiums der Apostel die Gesammtheit der Bischöfe der katholischen Kirche, sie mögen nun bei ihren Heerden weilen oder im Concil versammelt sein, jedoch stets in Vereinigung mit dem Papste, und ich finde in diesem Bilde ganz denselben Plan, dieselbe Form der Verfassung, der Hierarchie, Regierung und des Lehramts der Kirche wieder.

Wenn ich nun von diesem Gesichtspunkt aus und mit jener Gesinnung, wie ein Christ sie haben soll, die Kirchenge= schichte lese, zwar nicht in Autoren, welche dieselbe zur Verthei= digung besonderer Meinungen, in denen sie befangen waren, ge= schrieben haben, sondern sie lese in kirchlichen Monumenten oder in vorurtheilsfreien Geschichtsforschern, dann wird mir die für ein gläubiges Herz so süße Beruhigung zu Theil, wahrzunehmen, wie das Werk Gottes sich erfüllt, alle seine Verheißungen sich bewahrheiten und jedes seiner Worte auf das Genaueste ein= trifft. „Himmel und Erde werden vergehen, meine Worte aber werden nicht vergehen."

Wohl stoße ich auf Häresien, auf Schismen, auf Verwir= rungen und Verfolgungen, auch ist das Alles wirklich vorherge= sagt; aber ich finde zugleich, wie die Kirche die Irrthümer, die Häretiker, die Schismatiker von sich ausstößt und stets uner= schütterlich auf dem Felsen verbleibt, auf welchen sie gegründet ist; finde stets den Nachfolger Petri an ihrer Spitze; stets den Glauben Petri, der niemals wankt; die übrigen Hirten mit Petrus vereint und die ganze Heerde, die nur Einen Schafstall bildet unter Einem Hirten[1]."

Wir schließen uns dieser ganzen Darstellung an und glau= ben, daß sie eben so rein und unbefangen den Gedanken der Worte der heiligen Schrift ausdrückt, wie sie der Stellung des Papstthums in der Geschichte bis auf die Gegenwart entspricht. Wenn in den ersten Jahrhunderten der Primat nicht immer mit derselben Entschiedenheit in den Vordergrund tritt, wie in der heiligen Schrift selbst und in den späteren Jahrhunderten, so liegt das darin, weil die Kirche nach den Worten des göttlichen Hei= landes in ihrem Entstehen und Wachsen „gleich ist einem Senf= korn, welches ein Mensch genommen und auf seinen Acker gesäet hat; selbes ist zwar kleiner als alle Samen, wenn es aber heran= gewachsen, .. wird es ein Baum, so daß die Vögel des Himmels kommen und wohnen in seinen Zweigen[2]." So ist auch der heilige Organismus der Kirche Gottes mehr und mehr offenbar geworden und hat sich nach dem Plane entwickelt, den wir in

---

1) Briefe des Card. Litta über die sog. vier Artikel des Klerus von Frankreich. Deutsch Münster 1844. S. 88—95. Wir können dieses vortreffliche Buch nicht genug empfehlen. — 2) Matth. 13, 31 f.

dem Worte Gottes so deutlich vorgezeichnet sehen. Jeder einzelne Zug dieses göttlichen Bauplans der Worte Jesu entspricht in vollendeter Treue der katholischen Kirche, wie wir sie vor uns sehen. Das ist überaus wunderbar und der Unglaube kann unmöglich die Kraft des Beweises für die Göttlichkeit der Kirche verkennen, welcher darin besteht, daß ihr Stifter ihr mit wenigen Worten eine Verfassung gegeben hat, welche noch in den spätesten Jahrhunderten in ihrer ganzen Kraft und Vollendung fortdauert und eine Weisheit kund gibt, die jedes hinzukommende Jahrhundert nur bestätigt[1]).

Wenn aber alle Verheißungen, welche Christus den Aposteln gegeben hat, sowohl jene, die er dem Petrus allein, als auch jene, die er ihm mit den übrigen Aposteln zusammen gab, gleichmäßig im Primate wie im Apostolate in Erfüllung gehen müssen, so ist kaum zu denken, daß der Papst, wenn er als Nachfolger des heiligen Petrus von seinen Vollmachten Gebrauch macht; wenn er in Folge des Befehles: „Weide meine Lämmer, weide meine Schafe[2])!" ferner: „Ich habe für dich gebetet, daß dein Glaube nicht wanke, und wenn du einst bekehrt bist, so stärke deine Brüder[3])," handelt, dabei selbst dem Irrthum verfallen und die Heerde Christi wie seine Brüder irre führen könnte; es ist nicht zu denken, daß der Fels, auf den die Kirche als Lehranstalt der Wahrheit gegründet ist, gegen den die Macht des Lügengeistes nichts vermag, selbst dem Irrthume sollte verfallen können.

Hier stehen wir aber schon mitten in der Streitfrage von der Unfehlbarkeit des Papstes, und da die Kirche sie nicht als Glaubenssatz entschieden hat, so wollen wir uns darauf beschränken, Mißverständnisse zu beseitigen, indem wir sie klar und einfach darlegen und genau angeben, welche Meinungen nach der Lehre der bewährtesten Theologen gestattet sind und welche nicht. Wir können hierüber vier Ansichten unterscheiden[4]).

---

1) Bekanntlich leugnet ein Theil der Protestanten, wie neuerdings der Hofprediger und General=Superintendent W. Hoffmann in seiner Schrift: „Deutschland einst und jetzt," daß Christus seiner Kirche eine Verfassung gegeben habe. Das beweist aber nur, wie auch die klarsten Worte Jesu nicht mehr seine Absicht gegen die Willkür der Privatauslegung zu schützen vermögen. Keine Lehre des Christenthums ist deutlicher in dem Worte Gottes ausgesprochen als die, daß er die Apostel und ihre Nachfolger zur Leitung der Kirche berufen hat.

2) Joh. 21, 15—17. — 3) Luk. 22, 32.

4) Cf. Bellarmin. de Rom. Pontif. lib. IV. c. 2.

Die erste Ansicht behauptet, der Papst könne auch dann wenn er mit einem allgemeinen Concil eine Entscheidung über den Glauben gibt, selbst in Irrlehren fallen und Häresie lehren. Diese Ansicht leugnet überhaupt die Unfehlbarkeit der Kirche und wird von denen aufgestellt, welche außer der Kirche stehen. Ein Katholik, welcher ihr huldigt, gehört innerlich nicht mehr der Kirche an und ist von ihr ausgeschieden.

Die zweite Ansicht lehrt, der Papst könne auch als Papst[1]) selbst in einer Irrlehre befangen sein und Anderen eine Irrlehre lehren, wenn er außer einem allgemeinen Concil eine Entscheidung über geoffenbarte Glaubens= und Sittenlehren trifft. Von dieser Ansicht sagt Cardinal Bellarmin, daß sie nicht förmlich häretisch sei, weil die Kirche noch jene in ihrem Schoße dulde, welche ihr anhängen, sie scheine aber durchaus irrig und stehe der Häresie nahe[2]).

Die dritte Ansicht geht, wie Bellarmin sagt, in das andere Extrem über und behauptet, der Papst könne nie und in keiner Weise einer Irrlehre verfallen, noch eine solche öffent= lich lehren, so oft er, auch allein, etwas entscheidet. Bellarmin sagt von dieser Ansicht, daß sich für dieselben zwar Gründe an= führen ließen, sie seien aber nicht gewiß.

Die vierte Ansicht endlich läßt die Frage unerörtert, ob der Papst in Glaubenssachen persönlich irren könne oder nicht, und beschränkt sich darauf zu behaupten, daß, wenn der Papst über Glaubenssachen für die ganze Kirche eine feierliche Entscheidung gibt, diese Entscheidung nicht häretisch, nicht irrig sein könne. Diese Ansicht nennt Bellarmin „die allgemeinste fast aller Katho= liken," die sicherste und jene, welche er vertheidigen will.

Die drei letzten Ansichten sind also nach Bellarmin inner= halb der Kirche noch zulässig, d. h. man kann sie behaupten, ohne

---

1) Der Ausdruck „Papst als Papst" bedeutet solche päpstliche Kund= gebungen, bei denen er als Oberhaupt und Lehrer der Gesammtkirche auftritt. Ihnen gegenüber stehen solche, die seinem Privatleben angehören oder bei denen er nicht als Lehrer und Richter über Glaubenswahrheiten für die ganze Kirche auftritt.

2) Um diese Ausdrücke zu unterscheiden, bemerken wir, daß häretisch nur solche Ansichten über geoffenbarte Wahrheiten sind, welche einer ausdrück= lich erklärten Glaubenswahrheit widersprechen und welche die Kirche bei denen nicht duldet, die ihr angehören wollen. Es kann daher etwas an sich irrig sein, der Irrlehre nahe stehen, ohne förmliche Häresie zu sein.

von der Kirche ausgeschlossen zu werden. Da wir uns aber der letzten Ansicht entschieden anschließen, welche Bellarmin die communissima fere omnium catholicorum nennt und die certissima, so ist es nothwendig, noch näher zu bestimmen, was sie nicht enthält und was sie enthält.

Sie enthält erstens nicht die Meinung, daß der Papst überhaupt irrthumslos sei, auch bezüglich der Dinge, welche nicht zur Offenbarung gehören. Das wäre Thorheit und ist noch nie von einem Katholiken behauptet worden.

Sie enthält zweitens auch nicht die Meinung, daß der Papst in Glaubenssachen für seine Person nicht irren könne. Hierüber sagt Bellarmin an derselben Stelle: „Alle Katholiken stimmen mit den Irrlehrern darin überein, ... daß der Papst als Theolog (Doctor privatus) auch in allgemeinen Fragen über Glaubens= und Sittenlehren aus Unkenntniß irren könne, wie es auch bei andern Theologen vorkommt."

Sie enthält drittens nicht die Behauptung, daß alle Meinungs= äußerungen der Päpste in Bullen und Breven unfehlbar und deß= wegen irreformabel seien. Zu dieser Behauptung neigt die dritte der obenangeführten Ansichten. Daher ist es zuweilen geschehen, jeden Satz eines päpstlichen Ausschreibens, dessen Sinn ganz von Zeit= und Localverhältnissen abhing, als unfehlbare Aussprüche geltend zu machen und allgemein anzuwenden, was wir nicht billigen können. Etwas Anderes ist es dagegen, ob nicht Er= klärungen des Papstes, selbst wenn sie nicht den Charakter einer allgemeinen bindenden Entscheidung über - den Glauben an sich tragen, bis zu ihrer Abänderung befolgt werden müssen, nicht weil sie unfehlbar sind, sondern weil sie von dem ausgehen, der über die Einheit der Kirche zu wachen und sie zu leiten hat, was wir unbedenklich zugeben.

· Sie enthält vielmehr nur die Behauptung einer beschränkten Unfehlbarkeit, indem sie annimmt, daß, wenn der Papst als Oberhaupt der Kirche über die geoffenbarte Wahrheit einen Ausspruch thut, um dadurch die ganze Kirche zu verpflichten, in diesem Ausspruch keine Irrlehre enthalten sein könne. Solche Aussprüche setzen immer zugleich eine Form voraus, wodurch sie sich Jedem unbezweifelt als eine Entscheidung über eine be= stimmt begrenzte Streitfrage in Glaubenssachen kundgeben.

Die so begrenzte und bestimmte Irrthumslosigkeit des Papstes
geht aber aus den Verheißungen Christi für Petrus, welche wir
betrachtet haben, wie uns scheint, unzweifelhaft hervor.

5. In höchster Stufe sind endlich Organe des unfehlbaren
Lehramtes der Kirche die allgemeinen Concilien.

Man hat die Frage aufgeworfen, ob ein allgemeines Concil
über dem Papste stehe, oder umgekehrt. Abgesehen aber von Zeiten
einer zweifelhaften Papstwahl ist diese Frage ganz unzulässig, wie es
jene wäre, ob beim ersten apostolischen Concil Petrus über oder unter demselben gestanden habe. Ein Concil ohne oder gar gegen den
rechtmäßigen Papst ist kein allgemeines Concil mit den Vollmachten desselben. Es läßt sich sogar nach den Verheißungen
Christi der Fall gar nicht denken, daß auf der einen Seite der
zweifellos rechtmäßige Papst, auf der anderen der gesammte
Episcopat, auf einem Concil versammelt, sich gegenüber ständen.
Dann wäre ja die Kirche in der Verfassung zerstört, welche ihr
Christus gegeben hat.

Ein allgemeines Concil aber, bei welchem der Papst entweder selbst oder durch seinen Abgesandten den Vorsitz führt,
wie Petrus auf jenem Apostelconcil, ist der feierlichste und ent-
scheidendste Act des apostolischen Lehramtes, das glorreichste Zeugniß für die wahre Lehre Jesu, die höchste Autorität, durch welche
der heilige Geist, der Geist der Wahrheit zu den Menschen
redet. In dieser Einrichtung des kirchlichen Lehramtes müssen
wir aber die Weisheit und Güte Gottes bewundern. Die Einheit der Kirche und die fortwährende Reinerhaltung der Lehre
Jesu forderte ein Amt in der Kirche wie das des heiligen
Petrus. Dennoch wollte Gott, daß auch dieses heilige Amt,
weil es einem schwachen Menschen übertragen wurde, in einer
Weise geübt werde, welche den menschlichen Verhältnissen möglichst angemessen sei. Die Unfehlbarkeit der Kirche, die eine
göttliche Gabe ist, sollte zugleich, um es uns Menschen leichter
zu machen, ihr zu folgen, und um die Träger derselben in der
Demuth, in der Erkenntniß ihrer Nichtigkeit zu erhalten, mit
einer Form umgeben werden, die auch menschlich die höchste
Sicherheit der Wahrheit bietet. Das geschieht aber durch die
Berathung im Concil. Ganz wie in der natürlichen Ordnung
der Segen Gottes die menschliche Thätigkeit nicht ausschließt,
so schließen die übernatürlichen Gaben der Kirche bei der Ver-

kündigung der Wahrheit nicht die natürlichen Mittel ihrer Erforschung aus. Durch die Apostel in Jerusalem wollte der heilige Geist sprechen, dennoch aber beriethen sie in menschlicher Weise, ehe sie beschlossen. Dort waren die Häupter der Apostel ohne Zweifel persönlich unfehlbar, dennoch entschied nicht Petrus, nicht Paulus allein, sondern die ganze Versammlung antwortete: „Es hat dem heiligen Geiste und uns gefallen.“ So geschieht es auch jetzt noch in der Kirche auf den allgemeinen Concilien. Ja selbst in den seltenen Fällen, in welchen der Papst von seiner höchsten Vollmacht außer den Concilien Gebrauch macht, handelt er nicht getrennt von der Kirche und dem Episcopate. Er spricht vielmehr in solchen Fällen das Bewußtsein der ganzen Kirche aus, nachdem er vorher alle menschlichen Mittel zur Erforschung der Wahrheit erschöpft und nicht selten einen großen Theil der Bischöfe selbst über ihre Meinung zu Rathe gezogen hat.

IX.

Die allgemeinen Concilien in der Kirche.

„Denn es hat dem heiligen Geiste und uns gefallen,
euch keine weitere Last aufzulegen, als diese nothwendigen Stücke.“ Apostelg. 15, 28.

Wir gehen jetzt dazu über, einen kurzen Ueberblick über
die allgemeinen Concilien zu geben, da ihr Eingreifen in die Geschichte der Kirche uns zugleich den sichersten Anhalt gibt, um
die Bedeutung des nächsten Concils für die Zukunft zu beurtheilen.

So kurz auch diese Uebersicht sein muß, so wird sie doch
zwei große weltgeschichtliche Thatsachen vollständig klar machen,
daß nämlich erstens das ganze Leben der Kirche ein ununterbrochener Kampf mit den mächtigsten Feinden ist, namentlich mit
stets neu sich erhebenden, nach und nach alle Wahrheiten des
Christenthums, ja das Christenthum selbst in seinen Fundamenten
angreifenden Irrlehren; daß zweitens die allgemeinen Concilien
zu allen Zeiten die hauptsächlichsten Mittel gewesen sind, wodurch
die offenbarte Wahrheit in ihrer ganzen Vollständigkeit und Reinheit gegen alle jene Irrthümer, und die Kirche und Christenheit
gegen alle jene Feinde siegreich vertheidigt wurde.

Dreihundert Jahre lang hatte das Heidenthum vergeblich
sich abgemüht, durch weltliche Gewalt und blutige Verfolgungen
das Christenthum auszurotten. Das Blut der Martyrer diente
nur dazu, das Christenthum um so mehr auszubreiten und zu
befestigen. Der Eintritt Constantin’s des Großen in die Kirche
besiegelte endlich die Bekehrung des römischen Weltreiches. Das
Heidenthum ging unter; dem Christenthum gehörte von nun an
die Zukunft. Der Widersacher Christi gab sich aber nicht überwunden, sondern änderte nur seine Kampfesweise. Durch die
folgenden vier Jahrhunderte erhob sich eine furchtbare Irrlehre

nach der anderen, um mit den Grundwahrheiten des Christen=
thums dieses selbst von Innen heraus zu zerstören.

Die erste große Irrlehre, der Arianismus (so genannt
von ihrem Stifter, dem Alexandrinischen Priester Arius) war
sofort gegen jene Wahrheit gerichtet, auf der alle Wahrheit und
alle Gnade des Christenthums beruht, nämlich gegen die Gott=
heit Jesu Christi und dadurch auch gegen das Geheimniß der
allerheiligsten Dreifaltigkeit. Arius lehrte nämlich, der eingeborene
Sohn Gottes, das Wort, das von Anfang an war und durch das
Alles erschaffen ist[1]), sei nicht im wahren und eigentlichen, sondern
nur in einem uneigentlichen Sinne Gott; denn auch der Sohn
Gottes sei ein Geschöpf aus nichts; zwar sei er das erste und
höchste unter allen Geschöpfen und durch ihn habe Gott, wie
durch ein Werkzeug alles Andere erschaffen; aber göttlichen Wesens
und ewig, wie der Vater, sei er nicht, sondern nur wegen seiner
hohen Eigenschaften und Tugenden von Gott mit dem göttlichen
Namen und göttlichen Ehren geschmückt. Diese Irrlehre war um
so gefährlicher, da Arius sie mit großer Kunst zu verbergen
und sich den Anschein zu geben wußte, als ob auch er Christum
als Gott anbetete. Er gewann zahllose Anhänger, darunter selbst
Priester und Bischöfe.

Da versammelte sich unter dem Vorsitze der Abgesandten
und Stellvertreter des Papstes Silvester I. und unter dem
Schutze des Kaisers Constantin im Jahre 325 zu Nicäa in
Kleinasien das erste allgemeine Concil. Es waren 318 Bischöfe
vereinigt und nie hat die Erde eine heiligere und ehrwürdigere
Versammlung gesehen; eine beträchtliche Zahl derselben trug in
tiefen Narben und verstümmelten Gliedern noch die Spuren des
Martyriums an sich, das sie in der vorhergegangenen letzten
Christenverfolgung erduldet. Diese heilige Kirchenversammlung
sprach nun in feierlichster Weise den alten, ererbten, wahren Christen=
glauben aus, den Glauben, den die Apostel allen Völkern gepre=
digt, für den die Martyrer geblutet, der die Welt überwunden:
„Wir glauben an Jesus Christus, den Eingeborenen
Sohn Gottes, der da ist wahrer Gott vom wahren
Gott, gezeugt von Ewigkeit und nicht erschaffen,
Eines Wesens mit dem Vater." Und mochten nun auch die

---

1) Joh. 1, 1—3.

Arianer noch durch mehr als ein Jahrhundert den Kampf gegen
dieses Glaubensbekenntniß mit List und Gewalt fortsetzen, mochten
sie selbst den Sohn und Nachfolger Constantin's des Großen
für sich gewinnen und auf einige Zeit durch die Hilfe der welt=
lichen Gewalt die halbe Welt mit sich fortreißen; das Glaubens=
bekenntniß des Concils von Nicäa blieb die Fahne, um die alle
wahren und treuen Christen sich sammelten, es besiegte den Arianis=
mus und heute, nachdem die letzte Spur dieser einst gewaltigen
Irrlehre seit mehr als einem Jahrtausend verschwunden ist, ertönt
in jeder heiligen Messe wie ein Triumphlied das Glaubensbekennt=
niß des allgemeinen Concils von Nicäa und wird von allen, die
an Christus glauben, als der unfehlbare Ausdruck des ächten und
unverfälschten Christenglaubens verehrt.

Schon im Jahre 381 wurde ein zweites allgemeines
Concil in Constantinopel gehalten gegen den Irrlehrer Mace=
donius, welcher die Gottheit des heiligen Geistes leugnete.

So wurde die große Grundwahrheit des Christenthums, auf
der alle anderen Wahrheiten beruhen, daß nämlich der Sohn und
der heilige Geist mit dem Vater der Eine wahre Gott sind oder
der Glaubensartikel von der allerheiligsten Dreifaltigkeit durch
die beiden ersten allgemeinen Concilien siegreich gegen Neuer=
ung und Irrthum vertheidigt. Aber schon erhoben sich andere
nicht minder gefährliche Irrlehren, die zwar nicht die Gottheit
des Sohnes angriffen, aber insgesammt darauf abzielten, die
Wahrheit seiner Menschwerdung bald in dieser, bald in
jener Weise zu verfälschen und zu zerstören.

Nestorius, Patriarch von Constantinopel, leugnete jene
wunderbare und über alle unsere Begriffe innige Vereinigung der
menschlichen mit der göttlichen Natur in der Person des göttlichen
Sohnes, vermöge welcher in Christus zwar zwei Naturen sind,
die göttliche und die menschliche, aber nur Eine göttliche Person
und nur Ein Christus ist, wahrer Gott und wahrer Mensch
zugleich. Er lehrte nämlich, in dem Menschen Jesus habe der
Sohn Gottes nur gewohnt, ähnlich wenn auch vollkommener, wie
Gott in der Seele eines jeden Menschen wohnt, der im Stande der
Gnade sich befindet. Er lehrte daher einen doppelten Christus, einen
göttlichen und einen menschlichen und also nicht nur zwei Naturen,
sondern auch zwei Personen in Christus.

Merkwürdig ist hierbei, daß bereits in jener alten Zeit der Lügengeist seinen Angriff auf Christus unter einem, mit scheinheiliger Verehrung gegen den Sohn Gottes verhüllten Angriff gegen den höchsten Vorzug der allerseligsten Jungfrau Maria zu verbergen suchte, nämlich gegen ihren Namen und ihre Würde als Mutter Gottes, Gottes-Gebärerin. Da Nestorius nämlich leugnete, daß der von Maria seiner Menschheit nach geborene Christus persönlich und wahrhaft der eingeborene Sohn Gottes sei, und ihn nur für einen Menschen hielt, in welchem das ewige Wort nur wie in einem Tempel wohnte, so behauptete er, man dürfe Maria nicht Gottesgebärerin, sondern nur Christusgebärerin nennen. Eben so merkwürdig ist aber auch, daß gerade dieser Angriff gegen die heilige Mutter Gottes zuerst seine Irrlehre durch den sich erhebenden allgemeinen Unwillen des gläubigen Volkes ans Tageslicht brachte.

Es war das allgemeine Concil von Ephesus unter Papst Cölestin I., welches im Jahre 431 die Irrlehre des Nestorius, die das „große Geheimniß der Gottseligkeit[1]," die wahre Menschwerdung des Sohnes Gottes vernichtete, feierlich verwarf und zugleich zum Jubel des gläubigen Volkes erklärte, daß die allerseligste Jungfrau Maria wie bisher, so auch allezeit Mutter Gottes und Gottesgebärerin zu nennen und als solche in Wahrheit zu bekennen sei.

Zugleich bestätigte dieses allgemeine Concil die durch eine Reihe von Particularsynoden bereits ausgesprochene Verurtheilung der Irrlehre des Pelagius, welche in derselben Zeit, wo Nestorius die Menschwerdung Gottes im Morgenlande angriff, im Abendlande eine andere Grundwahrheit des Christenthums leugnete, nämlich die Wahrheit, daß das ganze Menschengeschlecht durch den Sündenfall seines Stammvaters der ursprünglichen Gerechtigkeit beraubt, sündhaft und daher erlösungsbedürftig geworden ist und daß wir nur durch die Gnade Christi unsere Bekehrung beginnen, sie vollenden, darin beharren, das göttliche Gesetz erfüllen und uns des ewigen Lebens würdig machen können.

Aber noch war der Kreis der Irrthümer, welche sich gegen Christus erhoben, nicht erschöpft. Während die Einen die Irrthümer des Nestorianismus erneuerten, traten zahlreiche Irrlehrer

---

1) I. Tim. 3, 16.

in verschiedenen Formen auf, welche unter dem Scheine einer falschen Frömmigkeit den Unterschied der beiden Naturen und namentlich die Wahrheit der menschlichen Natur in Christo leugneten, indem sie lehrten, daß in Christus, wie nur Eine göttliche Person, so auch nur Eine Natur sei, weil die menschliche Natur durch ihre Vereinigung mit der göttlichen von dieser so zu sagen verschlungen und in sie verwandelt worden sei. Es waren neue allgemeine Concilien — das Concil von Chalcedon (451) und das zweite und dritte Concil von Constantinopel (553 und 680) und unsägliche Mühen und Kämpfe nothwendig, um das Christenthum gegen alle diese heillosen Verfälschungen zu schützen. Mehr als einmal schien es, als ob die göttliche Wahrheit in dem Gewühle menschlicher Irrthümer und Leidenschaften untergehen müsse; aber die der Kirche gegebene Verheißung: „die Pforten der Hölle werden sie nicht überwältigen[1]" ging allezeit in Erfüllung und alle Blendwerke falscher Wissenschaft und sectirerischer Schwärmerei verschwanden endlich vor dem klaren Lichte des einfachen katholischen Glaubens, wie er durch die von Christus gesetzte und vom heiligen Geiste verbeiständete lehrende Kirche auf den allgemeinen Concilien verkündigt wurde.

Und wie denn überhaupt das Böse, obwohl es an sich nur verderblich ist, zuletzt dennoch durch Gottes Vorsehung dem Guten dienen muß, so brachten auch diese großen Kämpfe mit den Irrlehren einen großen und bleibenden Gewinn. Nicht nur wurde dadurch die siegende Macht der katholischen Wahrheit und die Ohnmacht auch der mächtigsten Irrthümer offenbar, sondern es wurden auch durch die kirchlichen Lehrentscheidungen und durch die Arbeiten und Werke der Vertheidiger des katholischen Glaubens, jener großen und heiligen Männer, welche die Christenheit unter dem Namen „Kirchenväter" verehrt, der unendliche innere Reichthum der christlichen Lehre immer klarer beleuchtet und herrlicher entfaltet. So vollständig war der Sieg des Glaubens, daß auf Jahrhunderte hin keine Irrlehre mehr Wurzel faßte, und es konnte sich nun ungestört, in dem Lichte und der Einheit des wahren Glaubens, die aus den Trümmern des Römerreiches und aus dem Chaos der Völkerwanderung wie eine neue Schöpfung hervorgegangene europäische Völkerfamilie, und in und mit ihr jene große

---

1) Matth. 16, 18.

chriſtliche Civiliſation ſich entwickeln, die heute noch, trotz aller Störungen, die Welt beherrſcht und beglückt und von deren Früchten ſelbſt diejenigen leben, welche das Lebensprincip unſerer Geſittung, das Chriſtenthum zu zerſtören ſuchen.

Allein auch jenes chriſtlich germaniſche Mittelalter, welches Viele aus Vorurtheil und Abneigung gegen die katholiſche Kirche ſchmähen und verachten, Andere aber über Gebühr erheben, war für das Chriſtenthum und die Kirche reich an Gefahren und Kämpfen.

Es waren hauptſächlich fünf große Uebel, welche im Mittel= alter die Chriſtenheit beſchädigten.

Das erſte und größte von allen, deſſen traurige Folgen wir heute noch beweinen müſſen, war das g r i e ch i ſ ch e S ch i s m a, wodurch die im Alterthum ſo glorreichen und heiligen Kirchen des Morgenlandes von der katholiſchen Einheit losgeriſſen wurden.

Das zweite war der M u h a m e d a n i s m u s, der das chriſt= liche Morgenland verwüſtete, in einem großen Theile deſſelben das Chriſtenthum mit all ſeinen Segnungen ausrottete und Jahrhunderte hindurch mit furchtbarer Gewalt auch das chriſtliche Abendland bedrängte, um ihm daſſelbe Schickſal zu bereiten.

Das dritte große Uebel war das Beſtreben chriſtlicher Kaiſer und Könige, die Kirche ihrer Herrſchaft zu unterwerfen und ihren Zwecken dienſtbar zu machen und die daraus hervorgehenden traurigen und verderblichen K ä m p f e z w i ſ ch e n K a i ſ e r t h u m und P a p ſ t t h u m, zwiſchen weltlicher und geiſtlicher Gewalt.

Das vierte Uebel war das Aufkommen gefährlicher, ſ ch w ä r = m e r i ſ ch e r S e k t e n, welche die Grundlagen der chriſtlichen und zugleich der geſellſchaftlichen Ordnung untergruben.

Dazu kam endlich gegen das Ende dieſer Periode das große a b e n d l ä n d i ſ ch e S ch i s m a, jene ſchreckliche Zeit, in welcher das höchſte Oberhirtenamt, das Chriſtus zur Bewahrung der Ein= heit eingeſetzt hatte, ſelbſt zu einem Anlaß des Zwieſpaltes wurde, wo dem rechtmäßigen Papſte Gegenpäpſte gegenüber ſtanden und die Verwirrung in der Chriſtenheit ſo groß war, daß man vielfach nicht mehr wußte, auf welcher Seite der rechtmäßige Papſt ſich fand.

Gewiß waren das große Uebel, unermeßliche Gefahren, denen jedes bloße Menſchenwerk hätte unterliegen müſſen. Aber die Kirche Gottes unterlag nicht, ſondern ſiegte, wenn auch mit ſchweren Wunden, über alle dieſe Feinde, und wieder waren es vor allem die allgemeinen Concilien, durch welche sie ihre göttliche Sendung erfüllte und bewährte. Auf dem vierten allgemeinen Concil von Constantinopel (869) war das griechische Schisma in seinem Urheber Photius verurtheilt worden; auf dem zweiten allgemeinen Concil von Lyon (1274) und dem allgemeinen Concil von Florenz (1439) wurde die Wiedervereinigung der Griechen mit der allgemeinen Kirche theils wirklich vollbracht, theils wenigstens für eine bessere Zukunft vorbereitet.

Durch die gleichfalls auf der Partikularsynode von Cler=mont und auf den allgemeinen Concilien vom Lateran (1123) und von Lyon (1245) geförderten Kreuzzüge wurde die Macht des Islam gebrochen und die Christenheit gekräftigt und gehoben, wenn auch ihr nächstes Ziel, die Befreiung des heiligen Grabes aus der Hand der Ungläubigen nicht bleibend erreicht wurde.

Durch die allgemeinen Concilien vom Lateran (1123) und von Lyon (1245) wurden theils die Grundlagen wahrer Eintracht zwischen Kirche und Staat befestigt, theils die Freiheit der Kirche gegen die Aergernisse der weltlichen Gewalt vertheidigt. Die verderblichen Irrlehren des Mittelalters wurden auf dem dritten und vierten Lateran=Concil (1179 und 1215) verur= theilt. Das große abendländische Schisma aber fand auf dem Concil zu Constanz (1414—1418) sein Ende.

Am Schlusse des Mittelalters, unmittelbar vor dem Aus= bruche der Reformation, steht noch das fünfte Lateranen= sische Concil (1512—1517), welches bereits ein Uebel bekämpfte, das erst in unserer Zeit zur vollen Entwickelung kam. Es war damals das Zeitalter der s. g. Renaissance; ein krankhafter Enthusiasmus für die antik=heidnische Kunst und Literatur hatte die Geister ergriffen und manche Gelehrten dahin geführt, daß sie, die Wege der christlichen Weisheit verachtend, in Irrthümer verfielen, über welche selbst die bessern heidnischen Philosophen erhaben waren. Sie leugneten die Unsterblichkeit der Seele und verfielen theilweise in ganz materialistische Lehren. Weil aber damals die Welt — Dank der Autorität und Einheit der Kirche — noch durch und durch christlich war, selbst diese neuheidnischen Gelehrten sich rühmten, treue Söhne der Kirche zu sein, so suchten sie beides miteinander zu vereinigen: das Christenthum und ihre mehr als heidnische Philo= sophie. Zu diesem Zwecke stellten sie die Behauptung auf, Philo= sophie und Glaube seien so absolut unabhängig von einander, daß eine philosophische Behauptung wahr sein könne, wenn sie auch mit der Glaubenswahrheit in Widerspruch stehe. Gegen diese, eben so unvernünftige als gottlose Lehre sprach nun dieses allgemeine Concil die alte Wahrheit aus, daß nie und nimmer ein Widerspruch bestehen kann zwischen Vernunft und Glauben, zwischen wahrer Philosophie und wahrer Theologie, und daß daher jede Lehre, welche mit der von Gott geoffenbarten Wahrheit in Widerspruch steht, nie und nimmer eine wissenschaftliche Wahrheit, sondern nur ein Irrthum und eine Unwahrheit sein kann.

Wir kommen endlich zu dem letzten allgemeinen Concil, dem von Trient (1545—1563), auf das seit drei Jahrhunderten bereits die ganze katholische Christenheit als auf den Stern des Glaubens und die Richtschnur des Lebens in allen Anliegen und Kämpfen der Religion hinblickt, wie das christliche Alterthum auf das erste Concil von Nicäa hinzublicken gewohnt war.

Es war dieses Concil berufen, um die größte und schmerz= lichste Wunde zu ·heilen, welche der Kirche, diesem geistigen Leibe Jesu Christi, im ganzen langen Verlaufe der Geschichte jemals geschlagen worden war. Ein großer und überaus edler Theil des christlichen Abendlandes hatte sich von der katholischen Kirche losgerissen und betrachtete nun diese Mutter aller christlichen Na= tionen als ein entartetes Reich des Aberglaubens und Ver= derbens, den Nachfolger Petri aber, dem Christus das Ober= hirtenamt über seine Kirche anvertraut hatte, als den Antichrist. Die neue Lehre hielt den Glauben an den dreieinigen Gott und an Jesus Christus, den Sohn Gottes und einzigen Erlöser der Menschheit fest, aber sie war, vielfach ohne daß ihre Urheber es erkannten, gegen die Kirche, den geistigen Leib Christi, gegen das Werk des heiligen Geistes in der Kirche und in den Seelen ge= richtet. Sie leugnete das kirchliche Lehramt, indem sie an die Stelle der unfehlbaren kirchlichen Autorität die Privat=Auslegung der heiligen Schrift setzte. Sie leugnete das Priesterthum und seine Voraussetzung, das immerwährende Opfer des neuen Bundes und zerstörte dadurch dasjenige, was seit der Apostelzeit den Kern und Mittelpunkt des christlichen Gottesdienstes bildete. Sie zerstörte den, allen Bedürfnissen der Seele entgegenkommenden Organismus der sieben heiligen Sakramente und leugnete nament= lich jenes Sakrament, welches für die Heiligung der Seele prak= tisch das wichtigste ist, das heilige Sakrament der Buße. Sie

leugnete die freie Mitwirkung des menschlichen Willens mit der
Gnade und die Nothwendigkeit der Liebe und der guten Werke
zum Heil, indem sie zu unserer Rechtfertigung und Seligkeit
nichts für nothwendig erklärte, als den Glauben allein,
nämlich den Glauben, daß uns um Christi willen unsere Sünden
nicht zugerechnet werden. Sie leugnete endlich den lebendigen Zu=
sammenhang zwischen Diesseits und Jenseits, indem sie eines=
theils die Statthaftigkeit des Gebetes für die Abgestorbenen und
dessen Voraussetzung, die Existenz einer Buße und Reinigung nach
dem Tode, und anderntheils die Fürbitte der Heiligen für uns ver=
warf. Und alle diese Wahrheiten und Gnadenmittel des Christen=
thums bekämpfte man, indem man behauptete, daß durch diese
katholischen Lehren und Einrichtungen die Ehre Christi als des
einzigen Erlösers der Menschen beeinträchtigt und an die Stelle
des Gotteswerkes der Erlösung Menschenwerk und menschliche
Selbstgerechtigkeit gesetzt werde: als ob das kirchliche Lehramt einen
andern Zweck hätte als den, das Wort Gottes und die Offenbarung
Christi rein zu bewahren; als ob die Priester etwas anderes
wären als „Diener Christi und Spender seiner Geheimnisse[1]);"
als ob das heilige Meßopfer etwas Anderes wäre, als die be=
ständige Vergegenwärtigung und Verherrlichung des Kreuzes=
opfers, dieser einzigen Quelle unseres Heiles; als ob die heiligen
Sakramente nicht von Christus eingesetzt wären, um uns seine
mannigfaltigen Gnaden und Gaben, unseren Bedürfnissen und unserer
menschlichen Natur entsprechend, mitzutheilen; als ob unsere
Gerechtigkeit und unsere guten Werke etwas anderes wären als
die Frucht der Gnade Jesu Christi und als ob die werk=
thätige Liebe vom rechtfertigenden Glauben getrennt werden könnte;
als ob endlich alle unsere Fürbitten für die Abgestorbenen und
alle Fürbitten der Heiligen für uns nicht von Christus allein
ihre Kraft empfingen und als ob sie in einem anderen Namen
geschehen, als allein im Namen Jesu.

All' diesen traurigen Irrthümern und Mißverständnissen
gegenüber hat das allgemeine Concil von Trient die alte
katholische Lehre in allen jenen Lehrpunkten, welche angegriffen
oder mißverstanden waren, mit wunderbarer Kraft und Klar=

---

1) 1. Cor. 1, 1.

heit dargelegt; es hat aber auch zu gleicher Zeit durch seine herrlichen Beschlüsse über die Kirchenverbesserung jene Mißbräuche beseitigt, die nicht durch Schuld der Kirche und ihrer Lehre, sondern durch Schuld der Menschen in die Christenheit eingedrungen waren und zum Theil die Kirchenspaltung veranlaßt hatten und namentlich Ursache waren, daß so manche gut gesinnte Männer von dem Strome der Bewegung mit fortgerissen wurden. Zwar erreichte die Kirchenversammlung von Trient den Zweck nicht, wozu sie hauptsächlich versammelt worden war, nämlich die Spaltung zu heilen und die Getrennten mit der Kirche zu versöhnen. Aber von ihr an begann in der katholischen Kirche selbst eine herrliche Geistes- und Lebenserneuerung, eine große Menge heiliger Männer führten durch ihr Leben und Wirken den Beweis, daß die viel angeklagte Kirche dennoch die heilige Kirche nicht blos heiße, sondern auch wirklich sei. In dem Maße als durch das Bemühen großer Päpste und frommer Bischöfe die Beschlüsse des Concils von Trient ausgeführt wurden, erblühte in Geistlichkeit und Volk ein neues Leben des Glaubens und der Tugend. Die christliche Wissenschaft nahm einen mächtigen Aufschwung. In den noch heidnischen Ländern feierte die Kirche große Siege und breitete das Reich Christi weit über seine bisherigen Grenzen aus. Auch auf Viele unter den Getrennten übte das Concil von Trient und die von ihm ausgehende Lebenserneuerung in der katholischen Kirche einen heilsamen Einfluß; es versöhnte Viele mit der Kirche und befestigte in nicht Wenigen der edelsten Geister die Erkenntniß, daß die Trennung ein großes Uebel und die Wiedervereinigung ein mit aller Kraft zu erstrebendes hohes und nothwendiges Ziel sei.

X.

Die Aufgaben des bevorstehenden Concils.

Da sagte Jesus zu ihnen: Habt ihr niemals in der
Schrift gelesen: „der Stein, den die Bauleute verworfen haben, der ist zum Eckstein geworden. Vom
Herrn ist dieses geschehen und es ist wunderbar in
unseren Augen."   Matth. 21, 42.

Heute stehen wir am Vorabende eines neuen allgemeinen
Concils, und es wirft sich uns ganz natürlich die Frage auf,
welches denn die Irrthümer seien, denen es die gottgeoffenbarte
und von den Aposteln her überlieferte Wahrheit entgegenstellen,
welches die Uebel, die es bekämpfen, die Heilmittel, die es
anwenden werde. Diese Frage kann nur das Concil selbst
uns beantworten und es ist unstatthaft, den Erleuchtungen und
Führungen des heiligen Geistes vorzugreifen. Wohl aber ist es
erlaubt und nützlich, durch eine Betrachtung der gegenwärtigen
Lage der Christenheit, der Kirche und der Welt uns einiger-
maßen die Eigenthümlichkeit und die Größe der Aufgaben klar zu
machen, welche die Kirche Gottes in der Weltperiode, welcher wir
angehören, zu lösen hat.

Wenn wir unsere Zeit mit den früheren Jahrhunderten
vergleichen, bis hinauf zu jenem Zeitpunkt, wo das erste allgemeine Concil die vollbrachte Bekehrung der alten heidnischen Welt
zum Christenthum besiegelte, so fällt uns sofort Ein großer
Unterschied in's Auge.

Die Irrthümer, mit denen früher die Kirche zu kämpfen
hatte, waren sämmtlich Irrthümer im Glauben, theilweise Verfälschungen und Verkümmerungen der offenbarten Wahrheit als
solcher. Ihre Urheber und Anhänger erkannten sämmtlich die
Offenbarung des alten und neuen Bundes als göttlich an; ihr
Fehler lag nur darin, daß sie dieselbe bald in diesem, bald in
jenem Punkte nicht nach der einhelligen Lehre der Väter, nach

der Richtschnur des kirchlichen Lehramtes und des überlieferten
Glaubens, sondern nach ihrem eigenen Sinne auslegten. Daher
kam es auch, daß alle Irrlehrer der früheren Jahrhunderte in
vielen, oft in den meisten Stücken mit der katholischen Lehre
übereinstimmten und nur in gewissen Punkten von ihr abwichen.
In unserer Weltperiode dagegen ist der große, die Welt
beherrschende Irrthum, mit dem das Christenthum ringt und den
es zu überwinden berufen ist, ein ganz anderer, es ist die grund=
sätzliche Leugnung jeder übernatürlichen Offenbarung und folglich
auch jeder übernatürlichen Heilsordnung, so wie aller der Mittel,
die zur Bewahrung und Mittheilung der göttlichen Offenbarung
dienen, also der heiligen Schrift als Wortes Gottes gerade so,
wie eines von Gott eingesetzten und verbeistandeten kirchlichen
Lehramtes.

Da dieser Grundirrthum unserer Zeit alles Uebernatürliche
leugnet und nichts als wahr und wirklich anerkennt, als einzig
und allein die Natur und die Naturordnung, so kann man ihn
am bezeichnendsten mit dem Namen Naturalismus nennen,
oder auch Rationalismus, weil er nämlich dem ent=
sprechend lehrt, daß es keine andere Quelle der Wahrheit für
uns Menschen gebe, als lediglich die menschliche Vernunft, ihr
Forschen und Denken, was schließlich zur Naturvergötterung und
Vernunftvergötterung führt. Diesem jede offenbarte Religion, insbe=
sondere das Christenthum in der Wurzel zerstörenden und somit
im eigentlichen Sinne antichristlichen Irrthum gegenüber hat also
die Kirche in unserer Zeit vor allem die Wahrheit zu vertheidigen,
daß der Mensch nicht bloßes Naturwesen und von Gott nicht
lediglich dazu bestimmt sei, durch den Gebrauch seiner natür=
lichen Kräfte eine gewisse natürliche Vollkommenheit und Glück=
seligkeit zu erreichen, sondern daß Gott ursprünglich und ein für
allemal die Menschen zu einer übernatürlichen Bestimmung er=
hoben, eine übernatürliche Seligkeit ihm als Lohn seiner
Treue verheißen, und dem entsprechend auch seinem Geiste noch
eine höhere Erkenntnißquelle, als die rein natürlichen Erkennt=
nißquellen sind, in der übernatürlichen Offenbarung eröffnet, und
somit auf der Grundlage der Natur und natürlichen Ordnung
eine, die Natur vor Verderbniß bewahrende und übernatürlich
vervollkommnende, übernatürliche Ordnung errichtet hat, wie das
Alles schon oben näher erörtert wurde.

Allein die Leugnung der übernatürlichen Offenbarung ist nur die eine Seite der großen intellectuellen Verirrung unseres Zeitalters. Wie wir oben bereits gesehen haben, fällt der Men= schengeist, wenn er die Hilfe, die Gott ihm durch die übernatür= liche Offenbarung anbietet, stolz zurückweist, um lediglich seine eigenen Wege zu gehen, den größten und traurigsten Verirrungen auch auf dem Gebiete der bloßen Vernunft und der natürlichen Wahrheiten anheim. Jene drei großen Vernunftwahrheiten, auf denen sowohl die Würde des Menschen als der Bestand der menschlichen Gesellschaft, worauf Recht, Freiheit und Sittlichkeit und jede wahre Autorität beruhen, nämlich: die Erkenntniß des persönlichen und lebendigen Gottes; die Erkenntniß der in der Geistigkeit, Freiheit und Unsterblichkeit bestehenden natürlichen Gottebenbildlichkeit unserer Seele; die Erkenntniß des Sittenge= setzes als einer in Gottes Heiligkeit und Gerechtigkeit gegründe= ten unwandelbaren, von jeder Menschenwillkür unabhängigen hei= ligen Ordnung, werden dann verdunkelt und ungeheure Irrthümer treten an die Stelle.

Die Corruption dieser großen Vernunftwahrheiten ist aber eine vollendete Thatsache in der modernen Welt. Nachdem von Spinoza bis Hegel der Pantheismus in der Philosophie ge= herrscht hatte, ist der Materialismus die herrschende Irrlehre unserer Zeit geworden, diese niedrigste Form des Atheismus, diese tiefste Stufe der Verirrung, zu welcher der menschliche Geist in Zeiten einer falschen, zur Barberei zurückkehrenden Uebercultur heruntersinkt. „Es gebe keinen Gott. Es gebe keine Seele. Es gebe nichts, als die körperlichen Stoffe und die der Natur inne= wohnenden physikalischen und chemischen Kräfte. Es sei daher eine Täuschung, wenn wir unser Denken und Wollen für etwas Geistiges halten. Denken und Wollen sei etwas rein körperliches, das Erzeugniß von Gehirnthätigkeiten, die ebenso physisch noth= wendig wirken, wie die Thätigkeiten der Eingeweide." Dieses sind die Hauptlehren des Materialismus, und der Pantheismus, diese feinere, aber bereits überlebte Form des Atheismus, läuft in den praktischen Ergebnissen ganz auf dasselbe hinaus. Die praktischen Folgen und Lehren dieser Gottesleugnung, der materiali= stischen, wie der pantheistischen, sind aber nicht minder verderb= lich wie die Lehre selbst verabscheuungswürdig.

Gibt es nämlich keinen Gott, so ist jede Religion ein

Wahn; denn die Religion ist Gottesverehrung. Dann ist also die
Religion nicht blos überflüssig, sondern schädlich und der Fort=
schritt der Menschheit muß darauf hinarbeiten, die Religion
immer mehr verschwinden zu machen und aus den Sitten und
dem Bewußtsein des Volkes auszurotten. Daraus erklärt sich
auch jener tiefe Haß, von dem die Anhänger dieser Lehren gegen
das Christenthum und vor allem gegen die katholische Kirche,
diese stärkste Stütze der Religion, erfüllt sind und womit sie,
wenn möglich, das ganze Volk erfüllen möchten.

Haben wir ferner keine unsterbliche Seele, keinen immate=
riellen Geist, dann sind auch alle höheren, geistigen Ideen und
Interessen ein Wahn; dann kann der ganze Zweck des menschlichen
Lebens kein anderer sein, als das irdische Wohlsein, der irdische
Genuß, und da der Genuß durch den Besitz bedingt ist, Erzeugung
und Erwerbung materieller Güter. Noch mehr; ist alles nur
Materie und gestaltet sich unser Leben nach materiellen und darum
mit blinder Nothwendigkeit wirkenden Gesetzen, dann gibt es
keine Freiheit des Willens, im wahren Sinne des Wortes, und
deßhalb auch keine sittliche Verantwortlichkeit, keinen wesentlichen
Unterschied zwischen dem sittlich Guten und dem sittlich Bösen.

Gibt es aber keine sittliche Freiheit und kein Sittengesetz,
dann gibt es auch kein Recht, dieses Wort in seiner wahren Be=
deutung genommen, keine unwandelbare von der Gewalt und den
bloßen Thatsachen unabhängige Gerechtigkeit; an die Stelle des
Rechtes treten die Thatsachen, an die Stelle der Gerechtigkeit tritt
die Gewalt. Wie in der materiellen Welt die stärkeren Kräfte
und die größeren Massen das, was schwächer ist, zermalmen und
sich unterwerfen, so ist es dann auch in der menschlichen Gesell=
schaft: ihr Gesetz ist nicht jenes Gesetz der Gerechtigkeit, das auch
den Schwächsten gegen den Stärksten schützt und, wenn selbst
auf Erden die Gewalt obsiegt, doch zuletzt durch den ewigen Rich=
ter Vollstreckung findet — sondern das die Gesellschaft beherrschende
Gesetz ist das Recht des Stärkeren; mag nun diese Stärke auf
das Schwert oder auf das Geld oder auf List und Klugheit oder
auf alles dieses zugleich sich gründen. So wie demnach der Atheis=
mus der Todfeind der Religion ist, so ist die atheistische Sitten=
und Rechtslehre, die vielmehr die Leugnung aller Sittlichkeit und
alles Rechtes ist, die Feindin der ganzen gesellschaftlichen Ord=
nung, die solchen Lehren gegenüber nicht einen Augenblick fort=

beſtehen könnte, wenn nicht die auf das Chriſtenthum gebaute ge=
ſchichtliche Ordnung und das chriſtliche Bewußtſein des Volkes
Widerſtand leiſtete.

Gibt es keine ſittliche Freiheit und kein Sittengeſetz, dann
herrſcht aber nicht nur in der bürgerlichen Ordnung das Recht
des Stärkeren, ſondern auch in allen perſönlichen Beziehungen
der Menſchen unter einander, dann hat die Nächſtenliebe keinen
Sinn mehr, dann iſt das Mitleiden mit der Noth ohne Vernunft
und Grund, dann iſt der Eine zum Elend, der Andere zum Ge=
nuſſe naturnothwendig beſtimmt, dann liegt es in der Natur der
Dinge, daß der eine Theil der Menſchen den andern als Werk=
zeug gebraucht, um ihn für dieſen Genuß auszubeuten und ihn
ohne Mitleid in Noth und Elend zu Grund gehen läßt, wenn er
dieſem Zweck bis zur letzten Erſchöpfung gedient hat.

Die Kirche hat daher in unſern Tagen nicht nur, wie in
den früheren Jahrhunderten, den Beruf, die Lehren der Offen=
barung gegen Irrlehren zu ſchützen, ſondern ſie hat vielmehr die
überaus erhabene Aufgabe, die Vernunft ſelbſt und die großen
Vernunftwahrheiten, die natürliche Sittlichkeit, das natürliche Recht,
die erſten Grundlagen der menſchlichen Geſellſchaft gegen die An=
griffe des Geiſtes, der von Gott abgefallen iſt, zu vertheidigen. Eine
größere und glorreichere Aufgabe hat die Kirche Gottes noch nie
gehabt, wie in unſern Tagen. Sie iſt nicht nur der Fels, auf
dem das Chriſtenthum ruht, um es gegen die Pforten der Hölle
zu ſchützen; ſie iſt auch der Fels, auf dem die ganze natürliche
Ordnung ruht, um ſie gegen dieſelben feindlichen Mächte zu ver=
theidigen. So erfüllt ſich, was ſchon vor zweihundert Jahren
der große deutſche Philoſoph Leibnitz vorher ſah, daß Zeiten
kommen würden, wo die Kirche nicht ſowohl den Glauben, als
vielmehr die Vernunft gegen die Angriffe des Unglaubens werde
zu vertheidigen haben und daß die letzte Irrlehre der Atheis=
mus ſein werde. Dieſe Zeit iſt offenbar gekommen.

Um aber die übernatürliche und die natürliche Wahr=
heit in ihrer Anwendung aufs menſchliche Leben gegen die
Verfälſchungen des naturaliſtiſchen Zeitgeiſtes zu vertheidigen,
kann ſich die Kirche nicht damit begnügen, jene Wahrheiten blos
auszuſprechen, ſie muß vielmehr auf deren lebendige Ver=
wirklichung im Leben der Menſchheit und damit auf alle jene
großen Fragen eingehen, um welche ſich im innerſten Grunde alle

Kämpfe der Gegenwart drehen. Sie wird daher nach der Richtschnur der ewigen Wahrheit aussprechen müssen, in welchem Verhältnisse das Christenthum und die Kirche zur Wissenschaft und Schule, zur Familie und Ehe, zum Staate und der Gesellschaft steht.

Denn darauf ist der Plan des Lügengeistes, der unsre Kniee vor der Natur statt vor dem einen wahren Gott beugen will, gerichtet, die Wissenschaft, die Schule, die Familie, die Ehe, den Staat, die Gesellschaft vom Christenthum und dann von jeder Religion zu emancipiren und sich selbst hörig zu machen, um so durch Wissenschaft, Schule, Statsgewalt, ja sogar durch die Familie den Götzendienst der Natur zur Weltreligion zu erheben. Daher jenes allgemeine Feldgeschrei unserer Zeit auf Trennung der Wissenschaft vom Glauben, Trennung der Schule von der Kirche, Trennung des Staates von der Kirche, Trennung der Ehe von der Kirche! Getrennt soll werden, was Gott verbunden hat, was, seit Gott die Welt erschaffen hat, verbunden war und verbunden bleiben muß, wenn nicht die Menschen dem Lügengeist und dem Verderben anheim fallen wollen.

Das ist aber der Zweck dieser Zeitrichtung, durch diese Trenn= ung die Entchristlichung des Volkes allmälig aber sicher herbeizufüh= ren. Durch diese Trennung soll nämlich dem Christenthume aller Lebensboden entzogen und es dadurch zum Absterben gebracht werden. Das Christenthum ist wesentlich dazu bestimmt, wie den ganzen Menschen in all seinen Kräften und Thätigkeiten, so auch die ganze Menschheit in all' ihren gesellschaftlichen Gliederungen und Lebensäußerungen zu durchdringen, zu reinigen, zu veredeln und zu heiligen. Deßhalb vergleicht es sein göttlicher Stifter mit dem Sauerteig, der die ganze Masse des Mehles durchsäuert. Das große Werk Gottes in der Weltgeschichte, der wahre Gott= gewollte Fortschritt ist die immer vollkommenere Verchristlichung der Menschheit. So lange in den ersten christlichen Jahr= hunderten nur die Einzelnen gläubig waren und ihre Religion in ihren Herzen, in dem Innern ihrer Häuser, in den Katakom= ben verbergen mußten, während das ganze öffentliche und gesell= schaftliche Leben, Wissenschaft und Kunst, Schule und Erziehung, Staat und Gesellschaft heidnisch blieben, war eben die Welt und die Menschheit noch heidnisch und nicht christlich. Christlich wurde sie eben in dem Maße, als nicht blos Einzelne durch das Chri= stenthum geheiligt und gerettet, sondern als die menschliche Ge=

sellschaft selbst mit dem christlichen Geiste erfüllt wurde. Daß
solches immer mehr und mehr geschehe, daß die unchristlichen
Elemente, d. h. Unwahrheit, Ungerechtigkeit und Selbstsucht, in
der menschlichen Gesellschaft immer mehr überwunden und die
Gestalt der Gesellschaft dem Geiste des Christenthumes immer
gleichförmiger werde, das ist und bleibt das Ziel aller Geschichte,
das ist das Ideal, welchem Gott die Menschheit immer mehr und
mehr zuführen will. Das gerade Gegentheil strebt nun jener
Geist an, der da beständig: Trennung, Trennung! ruft, während
der Ruf Gottes und der Ruf der Liebe auf Vereinigung und
Versöhnung gerichtet ist. Da es aber noch nicht ausführbar
erscheint, den Glauben mit einemmal aus den Herzen der Millionen
zu reißen oder wie einstens im alten Rom das Christenthum
selbst zu proscribiren, so soll es wenigstens vorerst mehr
und mehr aus dem Leben verdrängt, in die vier Mauern der
Kirchen, in die Subjectivität der Einzelnen eingeschlossen werden.
Dabei unterläßt man nicht, den Schein zu verbreiten, als ob
diese Trennung im Interesse des wahren Fortschritts, der Wissenschaft, der Freiheit nothwendig sei, während das gerade Gegentheil wahr ist, und ohne Religion und Christenthum vielmehr
aller Fortschritt, alle wahre Wissenschaft und Freiheit, alles
wahre Glück der Völker unmöglich ist, weil das Alles nur in
und durch Gott errungen werden kann.

Jene Wissenschaft ohne Gott ist keineswegs die wahre Wissen-
schaft. Sie ist nicht die Wissenschaft, die mit Redlichkeit nach
Wahrheit forscht, deßhalb aber auch die Schranken und die
Gebrechlichkeit der menschlichen Vernunft anerkennt und die höchste
Wahrheit heilig hält; sie ist nicht die Wissenschaft, welche durch
die Sicher- und Klarstellung der natürlichen Wahrheiten die
Vorhalle bildet zu der uns durch Gott geschenkten höheren übernatürlichen Weisheit; die Wissenschaft, welche die Thatsache der
Offenbarung, die Göttlichkeit des Christenthums und die göttliche
Stiftung der Kirche durch vernünftige und geschichtliche Gründe
beweist und an der Hand und im Lichte des Glaubens mehr und
mehr das Verständniß der offenbarten Wahrheiten uns erschließt:
sondern es ist eine Wissenschaft, die von vornherein mit ebenso
unwissenschaftlicher als vorurtheilsvoller Willkürlichkeit jede Offenbarung leugnet und alles Uebernatürliche für Wahn erklärt,
die aber auch deßhalb, weil sie sich von Gott und Gottes Offen-

barung gefliſſentlich abwendet, rettungslos allen, auch den ſchlimm=
ſten Verirrungen des gefallenen Menſchengeiſtes — dem Deismus,
dem Pantheismus, dem Materialismus anheimfällt; es iſt jene
Wiſſenſchaft, welche ſchon das apoſtoliſche Wort [1] mit ſo einſchnei=
dender Wahrheit kennzeichnet, wenn es ſpricht: „Sie läſtern,
was ſie nicht verſtehen (nämlich alles Uebernatürliche
und Göttliche); das aber, was ſie von Natur, wie die
vernunftloſen Thiere (nämlich durch die Sinne und durch
eine Wiſſenſchaft, die keine Wahrheitsquelle anerkennt als die
Sinne allein) wiſſen, gereicht ihnen zum Verderben
(weil ſie es zu .ihrem und Anderer intellectuellem und ſittlichen
Verderben mißbrauchen).“ Es iſt daher .eine Wiſſenſchaft,
die dem Chriſtenthum nicht unparteiiſch, ſondern feindlich
gegenüberſteht. Dieſe Wiſſenſchaft will daher die Schule
nur deßhalb von der Kirche, und den Staat von der Religion
trennen, um beide, Schule und Staat zu beherrſchen und
mit ihrem Geiſte zu durchbringen; um in den Schulen und
Lehranſtalten von den höchſten bis zu den niedrigſten das heran=
wachſende Geſchlecht, vor allem aber die herrſchenden und ton=
angebenden Klaſſen der Geſellſchaft, jene die als Beamte und als
Volksvertreter den Staat, die Gemeinden, die geſammte Geſell=
ſchaft verwalten, leiten und umgeſtalten werden, nach ihren
Grundſätzen zu unterrichten und zu erziehen und ſo einen Einfluß
auf das öffentliche, geſellſchaftliche und private Leben auszuüben,
wie ihn in dieſem Umfange das Chriſtenthum nie geübt und die
Kirche nie in Anſpruch genommen hat.

Denn Chriſtenthum und Kirche achten grundſätzlich die
natürliche und rechtmäßige Freiheit, wie des Menſchen, ſo des
Staates und der Geſellſchaft, dagegen dieſe Geiſtesrichtung kennt
keine Schranken, vor denen ſie ſtille ſteht, am wenigſten achtet ſie
das Recht und die Freiheit des chriſtlichen Gewiſſens und der
chriſtlichen Kirche. Denn als oberſtes Princip, als den Anfang und
das Ende ihrer politiſch=ſocialen Lehre ſtellt ſie ja den Satz auf,
daß der Staat nicht etwa blos der Schützer, ſondern der alleinige
und unumſchränkte Urheber des Rechtes ſei, und zwar ſo, daß aber
auch nur das Recht ſein ſoll, was der Staat verordnet, d. h. was

---

1) Jud. 4, 10.

Jene wollen und beschließen, die faktisch die Staatsgewalt in Hän=
den haben oder sie beeinflussen. Daraus folgt dann, daß
die Einzelnen, die Familien, die socialen Körperschaften, und
darin vor allem die Kirche nur insofern Rechte habe, als
dieser Staat sie ihnen zuerkennt, und nur so lange er sie ihnen
zuerkennt, und daß jede Geltendmachung eines eigenen, wenn auch
noch so heiligen Rechtes gegenüber dem Staate und seinem ab=
soluten Willen als Empörung und Hochverrath gilt.

Es braucht daher dieser Staat nur zu beschließen, die
Schulen sollen confessionslos, d. h. ohne jegliche positive Religion
und die Eltern sollen angehalten sein, ihre Kinder in diese Schulen
zu schicken — so ist das wesentlichste Elternrecht vernichtet und
die christlichen Eltern müssen zusehen, wie ihre Kinder unchristlich in
den Schulen erzogen werden. Und wenn der Staat erklärt, nur die
Civilehe sei giltig, so hat die christliche Ehe, obwohl seit Jahrhunderten
vollberechtigt, aufgehört, in der Gesellschaft und im öffentlichen Leben
Geltung zu besitzen. Und derselbe Staat braucht nur das Gesetz zu
machen: das klösterliche Leben ist verboten, die Bischöfe und Geist=
lichen können nur mit Staatsgenehmigung geweiht und angestellt
werden, so ist der innerste Lebensnerv der Kirche gelähmt und
diese muß in stummem Gehorsam zusehen, wie das Leben höherer
Vollkommenheit in ihr unterdrückt, wie ein göttlicher Beruf in
vielen Christenseelen erstickt, wie der Episcopat und der Clerus
systematisch verderbt wird — und es ist nur consequent, wenn
dieser moderne Staat sich eines Tages berechtigt glaubt, wie er
bereits in seinem blutbefleckten Ursprunge im Jahre 1793 in Frank=
reich wirklich gethan hat, zu decretiren, die Uebung der katholischen
Religion sei verboten, ja der Glaube an Gott und dessen Anbetung
untersagt.

Das ist die Lage der Dinge in der modernen Welt, dieses
sind die Ausgangs= und Zielpunkte jener Bewegung, welche in un=
erhörtem Mißbrauch des heiligen Namens der Freiheit eine freie
Wissenschaft, eine freie Schule, einen freien Staat anstrebt, deren
angebliche Freiheit aber nichts ist als eine rechtlose Empörung gegen
den lebendigen Gott, als die Befreiung von den Gesetzen der Wahrheit
der Gerechtigkeit, der Religion, um die Menschen der Knechtschaft
aller Leidenschaften und aller Willkür und jeglichem Egoismus zu
überliefern, um sie von einem Abgrund des Verderbens in den
anderen zu stürzen, um durch den Staat den Abfall der Mensch=

heit von Gott und die Selbstvergötterung der Menschheit zu
vollbringen. Ganz der Plan der alten Schlange: „Ihr werdet
wie Gott sein [1]."

Was wird die Kirche Jesu Christi diesem ohnmächtigen Unter=
nehmen der Bosheit und Verblendung gegenüber thun? Sie wird
im Namen und in der Kraft des allmächtigen Gottes den Unter=
nehmungen des Lügengeistes gegenüber die ewigen Wahrheiten der
Vernunft und des Christenthums der Welt verkünden.

Der Wissenschaft wird sie sagen: Du hast einen hohen Be=
ruf und du bedarfst einer großen Freiheit, die ich dir im vollsten
Maße gewähre, weil Gott sie dir gewährt hat. Du sollst zur
Veredlung und zum Nutzen des ganzen Menschengeschlechtes die
Wahrheit erforschen und lehren, so weit sie der menschlichen
Vernunft zugänglich ist. Aber eben weil dein Ziel die Wahr=
heit ist, hast du über die Wahrheit selbst keine Gewalt, sondern
sollst ihre Dienerin sein. Gott aber ist die höchste Wahrheit und
wenn Gott selbst zu der Menschheit geredet, so mußt du in De=
muth vor Gott und seiner Wahrheit dich beugen; sonst wirst du,
indem du Gott gleich sein und deßhalb keinen Gott und kein
Gottes=Wort über dir anerkennen willst, rettungslos dem Lügen=
geiste verfallen. Willst du daher in deinem berechtigten und hoch=
herzigen Streben, die Wahrheit zu erforschen, nicht auf Abwege
und in die tiefsten Abgründe gerathen, so darfst du jenen himm=
lischen Polarstern einer unfehlbaren Wahrheit, den Gott in
seiner Offenbarung der Menschheit gegeben hat, nicht verachten und
aus dem Auge verlieren. Willst du dich aber noch höher erheben,
als du auf den Stufen der Geschöpfe durch eigene Kraft zu ge=
langen vermagst, willst du jene übernatürlichen Wahrheiten er=
kennen, die zuletzt allein im Stande sind die großen Fragen der
Menschheit zu lösen, so mußt du vom göttlichen Glauben dich leiten
lassen und mußt glauben, um zu erkennen. Die Wissenschaft ist das
Werk der menschlichen Vernunft, und auch die menschliche Ver=
nunft und sie vor allem bedarf des Erlösers, und nur durch ihn
kann sie zur vollen Wahrheit gelangen, nur in ihm leben und
Leben verbreiten.

Die Schule wird die Kirche zurufen: Du bist höchst ehrwür=
dig und eines der kostbarsten Güter der Menschheit. Ich segne

---

1) 1. Mos. 3, 5.

und ermuntere dich; jede ächte Bildung ist vom Christenthum ge-
billigt und ein Gewinn für's Christenthum. Willst du aber wahrhaft eine Erzieherin der Menschheit sein, ihr zum Heile und nicht
zum Verderben, so darfst du von dem Lehrmeister aller Menschen,
Christus dem Herrn, dich nicht lossagen. Wolltest du hingegen
die heranwachsende Menschheit anstatt für Christus, für das Un-
christenthum erziehen, so wäre das der höchste unter allen Freveln,
welche gegen Gott, gegen die Familie, gegen die Menschheit be-
gangen werden können.

Dem Staate wird die Kirche sagen: Du bist mit der höchsten irdischen Majestät bekleidet, und wie Christus, mein Herr und Richter, dem
Kaiser gab, was des Kaisers ist, so erkenne auch ich dich an im Voll-
maße aller dir von Gott verliehenen Rechte und Gewalten. Du trägst
das Schwert, um die Rechte Aller, zumeist der Schwachen und
Wehrlosen zu schützen und die Frevler zu strafen, du besitzest die
Fülle irdischer Güter und Gewalten, um die gemeinsame Wohlfahrt
zu fördern. Aber du bist nicht Gott und darfst dich nicht setzen
an die Stelle Gottes. Du bist vielmehr Gottes Diener zur
Handhabung der Gerechtigkeit. Die Gesetze der Wahrheit und
der Gerechtigkeit, die er selbst in das Gewissen des Menschen geschrieben, hast du zunächst zur Richtschnur deiner Gesetze und aller
deiner Handlungen zu nehmen; eben deßhalb hast du zu schützen
jedes wohlerworbene Recht, und sollst es nicht beugen, um einen
scheinbaren Nutzen zu erreichen. Dazu ist jeder Staat, selbst der
heidnische, verpflichtet.

Die Staaten der civilisirten Welt sind aber keine heidnischen
Staaten. Europa vor Allem ist christlich durch Gottes allmächtige
Hand und Gnade, durch das Blut von viel Tausend Martyrern,
durch die Arbeit und das Leben von mehr als fünfzig Generationen.

Die Völker Europas sind keine heidnischen Völker. Die Kirche
wird daher der Staatsgewalt sagen: Du hast nicht das Recht,
das christliche Volk wie ein heidnisches zu behandeln, noch weniger
wie ein Volk ohne Religion. Wenn du auch allen die Freiheit
der religiösen Ueberzeugung gewährst, ja selbst die Freiheit, gottlos
zu sein, so hast du nicht das Recht, der Gottlosen wegen auch
das ganze Volk wie ein gottloses zu behandeln. Du hast die
Pflicht, die Religion deines christlichen Volkes zu ehren, die Kirche
zu schützen und nicht nur selbst in den weltlichen Angelegenheiten die natürliche Gerechtigkeit walten zu lassen, sondern

8*

auch dem christlichen Geiste den gebührenden Einfluß zu gestatten. Wenn dagegen die Staatsgewalt sich zum Werkzeuge eines dem Christenthum und der Kirche feindseligen Geistes, selbst bis zur Verletzung der natürlichen Gerechtigkeit hergeben würde — so ist das nicht erlaubt und ist jeder Christ, wie viel mehr die Kirche Christi verpflichtet, Gott mehr zu gehorchen, als den Menschen, und kann solcher Frevel nur zum Verderben derer gereichen, die ihn üben: denn auch den Königen und Völkern, den Staaten und Reichen gilt das Wort des Apostelfürsten: dieß sollt ihr wissen, daß auch euch in keinem anderen Namen Heil gegeben ist, als allein im Namen Jesu Christi[1]).

Den Reichen wird sie sagen: Gott hat die Güter dieser Welt für alle Menschen bestimmt und nicht blos für euch. Gott will, daß alle Menschen an ihnen in einem gewissen Umfang Antheil haben. Ihr seid nicht unbeschränkte Eigenthümer, sondern Verwalter der irdischen Güter. Ihr seid daher verpflichtet, euere armen Mitbrüder zu lieben, ihnen einen rechtmäßigen Verdienst zu gewähren und ihnen nach bestem Vermögen zu Hilfe zu eilen. Wenn ihr das nicht thut, wenn ihr vielmehr euere Güter nur dazu benützet, um euere Glückseligkeit im Genusse der irdischen Lüste zu finden, euere Mitmenschen lediglich zu Werkzeugen zur Vermehrung eueres Reichthums zu machen: so begeht ihr ein Verbrechen gegen Gott und ein Verbrechen an der Menschheit, die ihr entwürdigt.

Den Armen wird sie sagen: Seid zufrieden mit dem Stande, worin Gott euch gesetzt hat, begeht keine Ungerechtigkeit und Gewaltthat, murret nicht gegen Gott und Gottes Ordnung und erkennet vor allem selbst, daß die Würde und die Glückseligkeit des Menschen nicht in Reichthum und in irdischen Genüssen besteht, sondern in der Würde und dem Glücke, die wir durch die Nachfolge Christi erlangen, der obwohl er Gottes Sohn war, den Reichthum verschmäht, die Armuth erwählt hat.

Wie aber die Kirche auf der einen Seite alle natürlichen und übernatürlichen Güter der Menschheit gegen die Angriffe des Geistes des Abfalls von Gott und seiner Ordnung vertheidigen muß, so muß sie auch insbesondere die Freiheit sich erkämpfen, die sie bedarf, um ihre göttliche Sendung zu erfüllen.

---

1) Apostg. 4, 12.

Sie wird daher im vollsten Umfang die Freiheit in Anspruch nehmen, die christliche Wahrheit zu verkündigen und zu lehren, nicht etwa blos durch Predigt und Christenlehre, sondern in jeder Weise, die da rechtmäßig und würdig ist, vor Allem durch die Pflege der Wissenschaft und durch die freie Benutzung der Presse. Sie wird in Anspruch nehmen das Recht, ihre Priester zum Priesterthum, ihre Kinder für das Christenthum zu erziehen und zwar nicht nach dem Maße, welches eine mißtrauische oder feindselige Staatsgewalt ihr zumißt, sondern in dem ganzen Umfang, wie es in der Natur der Sache liegt.

Sie wird in Anspruch nehmen die Freiheit, ihre Diener, vor allem die Bischöfe nach dem Maße ihrer Würdigkeit und Tüchtigkeit und ohne frembartige Einflüsse zu wählen und einzusetzen.

Sie wird für ihre Söhne und Töchter das heiligste unter allen Menschen- und Christenrechten proklamiren, die Freiheit, im Stande der evangelischen Vollkommenheit, nach dem Beispiel der Heiligen und nach der Vorschrift der Kirche, wie im Einzelnen, so auch in Gemeinschaft zu leben und zu wirken.

Sie wird das heilige Recht sich wahren, Gutes zu thun, alle Werke der christlichen Barmherzigkeit zu üben, im Dienste des Nächsten sich zu opfern, und wird mit Entrüstung jene unerträgliche Tyrannei von sich stoßen, welche uns hindern will, um Christi Willen und nach Christi Vorbild Gutes zu thun.

Vor allem aber wird die Kirche in unserer Zeit, wo ihre Aufgabe größer und schwieriger, und wo die Welt feindseliger ist als je zuvor, darnach mit aller Kraft hinstreben, ihre Mitglieder und zumal ihre gewählten Diener und Priester, die des Volkes Führer und Vorbild in der Nachfolge Jesu Christi sein sollen, zu heiligen und zu einer großen Vollkommenheit zu erheben und deßhalb alles zu beseitigen, was der Entfaltung der christlichen und priesterlichen Tugenden im Wege stehen kann.

Und gerade hierauf sollen wir mit der Kirche all' unsere Hoffnung setzen. Je mehr die Kirche sich heiligt, wird zwar die Wuth der Hölle gegen sie entbrennen, aber diese Wuth wird auch um so ohnmächtiger werden, die Herzen der Menschen aber werden von der Gnade Gottes bewegt und durch das gegebene Beispiel angezogen, sich der Kirche zuwenden.

Wenn daher die Kirche Alles aufbietet, um mit der Gnade Gottes die Wahrheit Christi zu verkündigen, die Freiheit der Kirche zu vertheidigen, die Christenheit in Haupt und Gliedern zu heiligen, dann kann sie auch mit größerem Vertrauen sich an jene Christen wenden, die nicht durch ihre eigene und nicht durch unsere Schuld, sondern durch Schuld längst vergangener Zeiten von der Einheit der Kirche getrennt sind, um sie mit innigster Liebe aufzufordern, zurückzukehren zur verlassenen Einheit. Dieser Ruf der Liebe wird sich um so mächtiger erweisen, je klarer es jedem Unbefangenen einleuchten muß, daß die Einheit das königliche Merkmal der Wahrheit, die innerste Kraft des Christenthumes ist und daß die Wiederherstellung der Einheit, aber auch sie allein, den Sieg des Christenthumes über die Welt unfehlbar zur Folge haben wird — und damit jenen Frieden, jene Erneuerung und jene Wohlfahrt, welche die Menschheit schon auf Erden durch Christus den Welterlöser erlangen soll und nur durch ihn erlangen kann.

Und gerade je rascher und furchtbarer sich die Consequenzen des Abfalles von Christus und seiner Kirche entwickeln, um so näher stehen wir jenem großen, von Gottes Weisheit und Gnade herbeigeführten Wendepunkte der Zeiten, wo die Menschheit im Großen und Ganzen wieder erkennt, daß der Stein, den die stolzen und thörichten Bauleute verworfen haben, nämlich Christus, dennoch von Gott zum Grund- und Eckstein gemacht ist, auf dem Alles ruht.

XI.

Die Vorurtheile.

„Prüfet alles, was gut ist behaltet."
I. Theff. 5, 21.

Nicht nur das Christenthum, sondern auch schon die Stimme unserer Vernunft fordert, daß wir Menschen in allem Wahren und Guten einig seien und uns gegenseitig in Liebe zur Erreichung dieser hohen Ziele, von denen unser Glück abhängt, unterstützen. Statt dessen sehen wir die Menschen auf allen Lebensgebieten in den erbittertsten Kämpfen befangen, als ob Streit und Uneinigkeit das Schicksal und die Bestimmung des Menschengeschlechtes wäre. Einen wesentlichen Antheil an der Bitterkeit und Resultatlosigkeit dieser Kämpfe haben neben den Leidenschaften die bestehenden Vorurtheile, die unrichtigen Ansichten über die Meinung der Gegner. Man kann fast nie eine der großen Controversen, welche unter den Menschen verhandelt werden und sie geistig spalten, verfolgen, ohne auf unrichtige Voraussetzungen, irrige Urtheile, Uebertreibungen oder Verkleinerungen zu stoßen, welche doch nothwendig beseitigt sein müssen, ehe eine Verständigung möglich ist. Wir sehen das fast in allen Organen täglich vor Augen, in welchen die verschiedenen Parteien ihre Ansichten geltend machen. Die meisten von ihnen kämpfen so, als ob alles Wahre, Richtige und Gute auf ihrer Seite, alles Unwahre, Unrechte und Böse auf Seiten der Gegner liege. Auf solchen Wegen ist ein Resultat, das die Streitenden in der Wahrheit einigt, nicht möglich.

Das gilt nun auch namentlich von den großen religiösen Streitfragen. Da entstehen Vorurtheile um so leichter und wirken um so verderblicher, je tiefer gerade sie die menschliche Seele berühren. Sie bilden sich insbesondere in solchen Zeitabschnitten, wo die geistige Aufregung und Leidenschaft am heftigsten ist.

Eine solche Zeit war die Zeit der Glaubensspaltung. Wir sind noch weit davon entfernt, alle die Vorurtheile, welche sich damals wie hohe Berge zwischen den Streitenden aufthürmten, weggeräumt zu haben. Wir sind aber in eine Zeit eingetreten, wo, wir möchten sagen, die Acten über die Gründe der Spaltung wie über ihr Resultat, revidirt werden, um zu ermessen, ob dieselben in Wahrheit bestehen und auch jetzt noch vorhanden sind. Diese Richtung der Zeit, welche zwar jetzt noch mehr in andern Ländern als in Deutschland auftritt, sich aber auch bei uns schon zeigt und immer mächtiger werden wird, ist überaus erfreulich. Sie ist die Morgenröthe des Friedens, der erste Vorläufer der Vereinigung. Nichts ist unberechtigter, als eine Spaltung, Trennung wegen Vorurtheilen, wegen unrichtiger Voraussetzungen. Sie müssen mit vereinten Kräften überwunden werden. Daran müssen wir alle arbeiten auf allen Seiten. Das ist eine Forderung der Wahrheit: eine objectiv richtige Darlegung aller wirklichen Gegensätze, nach Entfernung aller Entstellungen, welche ihnen die Leidenschaft des Kampfes und Vorurtheile gegeben haben.

In dieser Richtung haben wir Katholiken eine große Aufgabe, indem wir die Lehren unserer Kirche mit Rücksicht auf alle vorhandenen Mißdeutungen so darstellen, daß sie möglichst rein und klar zur Anschauung kommen. Das wollten die einsichtigsten Männer, das wollte namentlich Bossuet in seiner berühmten „Darlegung der christlichen Lehre," das wollte auch in unsern Tagen Möhler in seiner „Symbolik." Hier haben wir noch Manches wieder gut zu machen. Der Ordensmann und Humanist Lippus Aurelius Brandolini stellte für den richtigen Ausdruck die Regel auf: „Man muß sich bemühen, daß der Leser oder Zuhörer nicht nur unsere Reden verstehen kann, sondern daß er sie nicht mißverstehen kann, selbst wenn er es wollte [1]." Leider gibt es manche kirchliche Schriftsteller, die im Gegentheil es gewissermaßen darauf anlegen, sich so auszudrücken, daß zwar ein richtiges Verständniß möglich ist, mißverständliche

---

1) Danda igitur opera est, ut lector atque auditor non modo *possit* nostram orationem intelligere, sed ut *non possit* eam, etiam si velit. *non* intelligere. Lippi Aurel. Brandolini Oratio de Passione Domini ad Alexandrum VI. Pontif. Max. habita. Herausgegeben von *H. Bone.* Mainz, 1869. pag. 36.

Auffassungen aber noch näher liegen. Das ist gewiß sehr ver-
kehrt. Es ist gegen die Wahrheit und gegen die Liebe ge-
fehlt. Diese fordern nicht nur, daß eine wahre Deutung
möglich bleibt, sondern verlangen, daß jede unrichtige Deutung möglichst ausgeschlossen sei. Eine solche Ausdrucksweise kann
nach keiner Seite berechtigt sein. Gewiß gibt es eine Sprache
des Herzens, die ihr Recht hat, um so mehr, da uns ja die
Religion so viele Gegenstände bietet, die alle Gefühle unseres
Herzens in Anspruch nehmen. Aber auch diese Sprache muß
sich jener Regel unterwerfen, wenn sie nicht das Gegentheil von
dem fördern will, was sie eigentlich bezweckt. Wenn wir Mißverständnisse und Vorurtheile anregen, so fördern wir nicht die
Verehrung dessen, was wir preisen, sondern hindern sie. Das
findet namentlich Anwendung auf alle Controverslehren von
der Verehrung der Heiligen, der Verehrung der Mutter Gottes,
von dem Primat des Papstes 2c. 2c., Die Würde der Mutter
Gottes steht so hoch, daß keine menschliche Zunge im Stande ist,
sie angemessen zu preisen; dennoch kann es auch hier eine Ausdrucksweise geben, die unrichtige Vorstellungen und Vorurtheile
hervorruft und welche wir deßhalb vermeiden müssen, wenn wir
nicht gegen den Geist der Wahrheit und der Liebe handeln wollen.

Eine solche Lehre nun, über welche sehr viele Mißverständnisse
bestehen, ist die über das Lehramt der Kirche, welche wir bisher
behandelt haben, und in Verbindung damit über die Stellung der
katholischen Priester in der Kirche.

Bezüglich des Lehramtes besteht namentlich ein doppeltes
Vorurtheil, indem es auf der einen Seite seinem Gegenstande nach
als ein unbeschränktes Recht zu lehren aufgefaßt wird, und in
Folge dessen auf der andern Seite ebenso als eine unbeschränkte
Pflicht, sich demselben zu unterwerfen. Wir haben die
Irrigkeit dieser Anschauung nachgewiesen. Die Schranke, welche
es dem menschlichen Geiste auflegt, geht nicht weiter, als die Lehre
Jesu Christi selbst. Daß aber alle, welche an die Gottheit
Jesu Christi glauben, ihre Vernunft seiner Lehre unter-
werfen, ist eine nothwendige Folge dieses Glaubens.

Dagegen scheint es angemessen, dem andern Vorurtheile be-
züglich des Trägers dieses Lehramtes noch ein Wort zu widmen.
Dasselbe besteht namentlich in der Anschauung, daß die katholische
Lehre von dem Priesterthum die Stellung Christi als des einzigen

Erlösers und Mittlers der Menschheit beeinträchtige und das christliche Volk von der unmittelbaren Verbindung mit Christus dem Erlöser abhalte, während die protestantische Lehre den Vorzug biete, den Christen in die unmittelbare Verbindung mit dem Erlöser zu setzen. Wie weit dieses Vorurtheil geht, darüber wollen wir einen Mann reden lassen, welcher demselben den schärfsten Ausdruck gegeben. Wir finden bei ihm folgende Sätze:

„Indem Rom einen Statthalter an Christi statt auf Erden eingesetzt hat, so hat es damit zugleich erklärt, daß Christus seine Kirche auf Erden nicht selbst regiere. Es hat an die Stelle der göttlichen eine menschliche Regierungsgewalt in der Kirche eingerichtet; es hat damit Christus, den Sohn Gottes, in der Kirche hinter den Papst, den Menschen zurückgestellt."

„Ich bin gewiß nicht hart, wenn ich sage: die schwere Schuld, welche auf der römischen Kirche lastet, besteht gerade darin, daß sie Jesus Christus zurückgestellt und das ewige Heil von zeitlichen Creaturen abhängig gemacht hat, während dasselbe doch nur von Gott und dem menschgewordenen Sohne Gottes kommen kann."

„Die römische Kirche hat in Lehre und Cultus nichts unterlassen, um diese christlichen Individuen, die sogenannten Laien, so viel als möglich von der Gemeinschaft mit ihrem Heilande abzulösen. Dieses Verfahren hängt aufs Genaueste mit ihrem ganzen kunstreichen System zusammen. Dieser Kirche ist es nämlich im tiefsten Grunde überall um die Ehre des Menschen und nicht um die Ehre Gottes, um die Verherrlichung der Hierarchie und nicht um die Verherrlichung Christi zu thun."

„Es (nämlich das System der katholischen Kirche) macht im Grunde das Seelenheil von Menschen und nicht von Gott, von menschlicher Mitwirkung und menschlichem Thun und nicht von göttlicher Einwirkung und göttlicher Gnade abhängig."

„Zuletzt ist es doch nur Papst, Bischof oder Priester und immer wieder der Priester, dem alle Macht und alle Ehre zufällt. Nur dem Priester ist es möglich zu bewirken, daß die irdischen Substanzen sich in den himmlischen Leib Christi verwandeln 2c. 2c."

„Wenn Christus wirklich ein göttliches Wesen ist, wofür ihn die römische Kirche ja auch erklärt, so kann er unmöglich auf die Ausübung seiner Regierungsgewalt in der Kirche zu Gunsten eines vereinzelten sündigen Menschen verzichtet haben. Die römische Lehre schließt hier einen inneren Widerspruch in sich." „Gibt es denn eine dürftigere Vorstellung von dem Heiland der Welt als die, daß man sich seinem Throne nicht einmal nahen darf? eine verkehrtere von dem Mittler zwischen Gott und den Menschen als die, daß man nicht durch ihn, sondern durch Nebenpersonen die Vermittlung bei Gott finden müsse?"

Das sind nun eben so viele Vorurtheile gegen die Lehre der Kirche, als Worte; Mißverständnisse, welche aus einer An= schauung hervorgehen, die mit den katholischen Anschauungen nichts zu thun haben. Es wird nicht schwer sein, das nach= zuweisen.

Die Protestanten nehmen mit uns auch den alten Bund als eine göttliche Offenbarung an. Sie erkennen deßhalb mit uns an, daß Gott in demselben den Stamm Levi zum Priesterthum bestellt hat, daß er ihm Vollmachten übertrug, die er allein, aber nur in seinem Namen üben durfte, nicht für sich, sondern für Gott und für das Volk. Hat Gott etwa deßhalb selbst nicht regiert im alten Bunde? Kam es deßhalb im alten Bunde nicht auf die Ehre Gottes an? War dadurch an die Stelle der göttlichen eine menschliche Regierungsgewalt angeordnet? Das wird gewiß Niemand behaupten.

Christus hat ohne Zweifel den Aposteln Vollmachten über= tragen, welche die übrigen Christen nicht mit ihnen theilten. Er hat dem Petrus gesagt: „Dir übergebe ich die Schlüssel des Himmelreiches [1]." Darauf bezieht es sich auch, wenn die Ka= tholiken den Nachfolger Petri den Statthalter Christi auf Erden nennen. Er hat ihm ferner gesagt: „Weide meine Lämmer, weide meine Schafe [2]." Unmöglich kann man annehmen, daß er diese Vollmacht allen Christen gegeben habe, da es ja ein Unsinn wäre, wenn er allen die Schlüssel des Himmelreichs, allen den Auftrag gegeben hätte, seine Schafe zu weiden. Es war also jedenfalls eine besondere Vollmacht für Petrus, was anerkannt werden muß, wenn man auch leugnet, daß diese Vollmacht auf seine Nachfolger übergegangen ist. Hat nun Christus dadurch aufge= gehört, selbst zu regieren, weil er diese Vollmacht dem Petrus übertragen hat? Hat er dadurch den Sohn Gottes, sich selbst,

---

1) Matth. 16, 19. — 2) Joh. 21, 15 f.

hinter den Menschen, den Petrus, zurückgestellt? Hat er da=
durch auf seine Gewalt zu Gunsten eines einzelnen sündigen
Menschen verzichtet? Oder ist er dadurch sogar mit seiner eigenen
Lehre, daß er der Sohn Gottes sei, in Widerspruch gerathen?
Hat endlich Christus, indem er Petrus die Schlüssel des Himmel=
reichs übergab, indem er ihn beauftragte, seine Heerde zu weiden,
die Menschen abgehalten, sich seinem Throne zu nahen oder hat
er gar angeordnet, daß man sich nicht mehr durch ihn, sondern
nur durch Nebenpersonen an Gott wenden könne? Das Alles
wird kein verständiger Christ behaupten. Er wird vielmehr eine
solche Auffassung als ein unbegreifliches Mißverständniß der An=
ordnung Jesu zurückweisen. Er wird es kaum für möglich halten,
daß man die Vollmacht, die Jesus den Aposteln gab, in seinem Na=
men und Auftrag seine Heerde zu weiden, so auffassen könnte, als ob
dadurch der Sohn Gottes auf seine eigene Macht verzichtet habe.
Eben so groß ist aber das Mißverständniß, wenn man die Lehre der
katholischen Kirche, welche in dieser Hinsicht nur darin besteht,
daß die Vollmachten, welche Christus seinen Aposteln übertragen,
auf seine Nachfolger übergegangen seien, nun so auffaßt, als ob
deßhalb Christus nicht mehr die Kirche regiere, als ob dadurch
Christus hinter Menschen zurückgesetzt würde.

Wir können diese Frage bei jeder Vollmacht, die Christus
den Aposteln übertragen, wiederholen. So sprach z. B. der Heiland
zu ihnen: „Wie mich der Vater gesandt hat, so sende ich euch [1];“
einen allgemeineren Auftrag, eine größere Vollmacht konnte er
wahrlich den Aposteln nicht geben. Wie unaussprechlich thöricht
wäre die Behauptung, daß dieser Auftrag mit der Würde Christi,
mit seiner Ehre, mit seiner Regierungsgewalt im Widerspruch
stehe, daß dadurch das Volk von Christus abgehalten worden sei!
Und doch müßte das Alles behauptet werden, wenn man mit
Grund der katholischen Kirche und ihrem Priesterthum die er=
wähnten Vorwürfe machen könnte.

Diese Mißverständnisse über die wahre Bedeutung der Lehre
der Kirche vom Priesterthum werden uns aber noch einleuchten=
der und die Lehre selbst wird dadurch eine neue Bestätig=
ung finden, wenn wir zum Schluß noch einen Blick werfen auf
die Art und Weise, wie Gott überhaupt auch außer der Kirche

---

1) Joh. 20, 21.

und dem Christenthum die Menschen leitet. Wir erkennen daraus, wie der göttliche Plan der Leitung der Menschen überall derselbe ist.

Schon in der Familie finden wir eine ganz ähnliche Ord= nung, wie in der Kirche; eine ähnliche Leitung Gottes, nämlich des einen Menschen durch den andern; des einen, der im Namen Gottes eine gewisse Gewalt übt, des andern, der im Namen Gottes sich dieser Leitung unterwirft; und alle Vorwürfe, die in den oben angeführten Stellen der katholischen Kirche gemacht werden, würden schon die Familie treffen, wenn sie überhaupt begründet und nicht absolut gehaltlos wären. Wenn Gott den Vater in der Familie als seinen Stellvertreter bestellt hat, so hat er damit nichts seiner Majestät Unwürdiges gethan; so hat er damit gewiß nicht seiner göttlichen Macht und Ehre entsagt; so hat er damit gewiß nicht sich selbst hinter die Menschen zurückgesetzt; so hat er damit gewiß nicht den Vater zwischen sich und die Kinder ge= stellt, so daß jetzt die Kinder nicht mehr zum himmlischen Vater selbst Zugang hätten; sondern es ist überall und in allen Punk= ten das gerade Gegentheil der Fall. Indem die Kinder um Gottes Willen dem Vater folgen, sollen sie zur Verehrung und zum Gehorsam gegen Gott hingeführt werden; und indem der Vater die Pflicht hat, zu seinen Kindern von Gott zu reden und ihnen zu sagen, daß er der sichtbare Stellvertreter des einigen, unsichtbaren Gottes sei, sollen die Kinder nicht vom Zutritt zu Gott abgehalten, sondern ihre Herzen sollen zu Gott hin= geführt werden. Wenn der Vater dem Kinde den Weg weist, auf dem es Gott findet, so wird der Vater nicht ein Vermittler zwischen dem Kinde und Gott, der den unmittelbaren Verkehr des Kindes mit Gott hindert, sondern er wird ein von Gott bestellter Helfer, damit die Seele des Kindes Gott um so leichter und sicherer finden kann.

Eine ähnliche Ordnung finden wir auch in der von Gott gewollten Einrichtung der bürgerlichen Gesellschaft. In der wahren Auffassung ruht alle ihre Autorität und aller Gehorsam auf Gott. Der Apostel sagt: „Es gibt keine Gewalt, außer von Gott; die aber bestehen, sind von Gott gesetzt [1].“ Lediglich darauf ruht die Ge= wissenspflicht des Gehorsams. So haben wir also auch hier in die= ser vielgliederigen Ordnung lauter Träger einer göttlichen Gewalt in

---

[1] Römer 13, 1.

ben verschiedensten Functionen, in der Regierungsgewalt, in der rich=
terlichen Gewalt 2c. 2c. Wenn die Vorwürfe, die oben der Kirche
gemacht wurden, begründet wären, so würde das Alles sich auch
auf diesem Gebiete wiederholen; dann hätte Gott durch diese ganze
Einrichtung der bürgerlichen Gesellschaft seiner Ehre als Schöpfer
und Herr entsagt, sich Menschen untergeordnet; dann wäre er
mit sich selbst in Widerspruch gerathen; dann hätte er alle diese
Menschen, die zur bürgerlichen Gesellschaft gehören, dadurch von
sich ausgeschlossen u. s. w., wie all die Vorwürfe heißen. Offen=
bar ist das Alles nicht der Fall. Auch die bürgerliche Gesellschaft
soll vielmehr zur Ehre Gottes gereichen und jeder der in derselben
eine Macht übt, soll anerkennen, daß er nichts als ein Die=
ner des Allerhöchsten ist [1]).

Mit allen diesen natürlichen Einrichtungen Gottes für den
Menschen steht nun auch die übernatürliche in der Kirche Gottes
in vollkommener Harmonie und Uebereinstimmung. Wie Gott sich
in der Familie und der Gesellschaft der Menschen bedient, um die
Menschen zu leiten, so bedient sich Christus auch in seiner Kirche
der Menschen, um die Christen zu leiten. Und wie in jenen
natürlichen Ordnungen diese Einrichtung nicht der Würde und der
Ehre Gottes entgegensteht, so auch nicht in der Kirche. Freilich
kann dort wie hier der Diener Gottes seine Stellung verkennen und
das, was ihn nur zur Demuth antreiben sollte und zu großer Furcht,
indem er an die Rechenschaft denkt, die er zu geben hat, zur Be=
friedigung seines Hochmuthes mißbrauchen. Das liegt aber nicht
in der göttlichen Einrichtung, sondern in dem unseligen Mißbrauch
derselben, der ja leider überall möglich ist, wo freie Menschen be=
stellt sind, um Gottes Sache zu vertreten.

Alle jene Vorwürfe sind also durchaus nur Mißverständnisse
über das Wesen des Lehramtes und des Priesterthumes, welche
lediglich in Vorurtheilen ihren Grund haben.

---

1) Dasselbe gilt bei einer blos natürlichen Auffassung des Staates.
Jeder Herrscher, jeder Staat ist angewiesen, seine Staatsgewalt durch
Beamte zu üben. Entsagt er dadurch seiner Würde? seiner Macht? Stellt er
sich dadurch hinter seine Beamten? Genießt der einzelne Staatsangehörige
nicht mehr selbst die Vortheile des Staates, sondern nur durch Vermittlung
der Beamten 2c.?

XII.

Schluß: Pflichten.

„Bittet, so wird euch gegeben werden."
Matth. 7, 7.
„Wahrlich, wahrlich sag' ich euch: Wenn ihr
den Vater in meinem Namen um etwas bitten werdet,
so wird er es euch geben." Joh. 16, 23.

Wir können unsere Abhandlung nicht besser beschließen, als mit dem Gebete, welches Jesus am Ende seiner Abschieds= rede von seinen Jüngern in dem Augenblicke verrichtete, als er sich seinen Feinden zur Darbringung des Opfers für die Erlösung der ganzen Welt übergeben wollte. Es enthält die höchste und feierlichste Bestätigung, für alles bisher über das Lehramt der Kirche und die Aufgabe des künftigen Concils Gesagte.

„Ich habe ihnen dein Wort gegeben und die Welt hat sie gehaßt, weil sie nicht von der Welt sind, sowie auch ich nicht von der Welt bin. Ich bitte nicht, daß du sie von der Welt hinwegnehmest, sondern daß du sie vor dem Bösen bewahrest. Sie sind nicht von der Welt, sowie auch ich nicht von der Welt bin. Heilige sie in der Wahrheit! dein Wort ist Wahrheit. So wie du mich in die Welt gesandt hast, sende auch ich sie in die Welt und für sie heilige ich mich selber, damit auch sie in der Wahrheit geheiliget seien. Doch nicht für sie bitte ich allein, son= dern auch für die, welche durch ihr Wort an mich glauben werden, damit alle Eins seien, sowie du, Vater, in mir und ich in dir, damit auch sie in uns Eins seien, damit die Welt glaube, daß du mich gesandt hast. Und ich habe die Herrlichkeit, die du mir gegeben hast, auch ihnen gegeben, damit sie Eins seien, wie auch wir Eins sind: ich in ihnen und du in mir, damit sie vollkommen Eins seien; damit die Welt erkenne, daß du mich gesandt und sie geliebt haft, sowie du mich geliebt. Vater, die du mir gegeben haft, will ich, daß, wo ich bin, auch sie seien, damit sie meine Herrlichkeit schauen, die du mir gegeben, weil du mich geliebt haft, ehe die Welt gegründet war. Gerechter Vater! die Welt hat dich nicht erkannt; ich aber habe dich erkannt und diese haben erkannt, daß du mich gesandt haft; und ich habe ihnen deinen Namen kund gegeben und ich werde ihn kund geben, damit die Liebe, mit welcher du mich geliebt, in ihnen sei und ich in ihnen [1])."

Wenn man bedenkt, was Jesus bis zu dieser Stunde für die Apostel gethan hatte, so ist es unmöglich anzunehmen, daß das Alles nur für sie, nur für die Dauer ihres Lebens, hauptsächlich nur deßhalb geschehen sei, damit sie einige Schriften verfaßten und daß dann mit ihrem Leben ihre Sendung, ihr Beruf für seine Kirche aufhören solle. Alles trägt vielmehr offenbar den Charakter einer bleibenden Fürsorge für seine Kirche an sich, einer Fürsorge, welche fortbestehen sollte, so lange wie die Kirche selbst. Darauf deutete die so feierliche Auswahl und Berufung der Apostel, darauf die besondere Erziehung und Ausbildung, welche er ihnen durch einen dreijährigen vertrauten Umgang für ihren Beruf gab; darauf alle Vollmachten, welche er ihnen übertrug, alle Befehle und Aufträge bis zu seiner Himmelfahrt. Wie jene Worte: „Ich bin bei euch alle Tage bis ans Ende der Welt [2])" ausdrücklich erklären, daß die Einrichtung, welche er in den Aposteln gründen wollte, nicht für die Dauer ihres Lebens, sondern für die Dauer der Kirche auf Erden berechnet war, so trägt auch jedes Wort der heiligen Schrift, das von den Aposteln handelt, diesen Geist an sich. Jesus sah in den Aposteln das Apostolat und im Apostolat die bleibende Fürsorge für die Regierung seiner Kirche, für die Erhaltung und Verbreitung seiner Lehre, für die Ausspendung seiner Gnadenmittel.

In diesem Geiste betete auch Jesus jetzt in dem hochfeierlichen Augenblick für seine Apostel. Er hatte soeben das Abendmahl eingesetzt und ihnen das „Brod Gottes" gegeben, „welches vom Himmel herab gestiegen und der Welt das Leben gibt [3])." Er war im Begriffe, jenen Leidensweg anzutreten, welcher mit dem Opfertode für dieselbe Welt auf dem Calvarienberge enden

---

1) Joh. 17, 14—26. — 2) Matth. 28, 20. — 3) Joh. 6, 33.

sollte. In diesem Augenblicke standen die Anliegen aller Menschen vor seinem göttlichen Geiste, nicht blos die der Apostel. In ihnen sah er nur seine Diener, welche die Gnaden seines Opfertodes bis ans Ende der Welt den Menschen ausspenden sollten. So betete er jetzt: **Ich habe ihnen dein Wort gegeben.** Was er darunter verstand, hatte er kurz vorher näher ausgesprochen: **Die Worte, die du mir gegeben, habe ich ihnen gegeben**[1]). Wozu er ihnen aber das Wort, welches er vom Vater empfangen, übergeben, das hatte er ihnen bereits oft gesagt, und er wollte es ihnen bis zur Himmelfahrt wiederholen: **Lehret alle Völker!** Kaum hatte aber der Heiland daran gedacht, daß er ihnen dieses Wort seines Vaters, um es der Welt zu verkündigen, anvertraut habe, da gedenkt er auch des Widerstandes, den die Welt der Annahme desselben entgegenstellen werde, und des Hasses, welcher deßhalb seine Apostel und das Lehramt seiner Kirche treffen werde: **Die Welt hat sie gehaßt.** So oft hatte er von diesem Haß gesprochen, den sie seinetwegen zu erbulden haben würden, und der Gedanke an diesen Haß lag in diesem Augenblicke wohl nahe, da er wenige Stunden später denselben an sich selbst in der furchtbarsten Weise empfinden sollte, und sein liebevolles Herz deßhalb um so mehr gestimmt war, wo er an die Sendung des Apostolats dachte, auch an den Antheil zu denken, den die Apostel und ihre Nachfolger dieses Amtes wegen an dem Hasse der Welt zu tragen haben würden [2]).

---

1) Joh. 6, 8.

2) Derselbe Mann, der sich in seinen Vorurtheilen zu der Behauptung hinreißen ließ: „Dieser Kirche (nämlich der römisch-katholischen) ist es im tiefsten Grunde überall um die Ehre des Menschen, und nicht um die Ehre Gottes, um die Verherrlichung Christi zu thun," ist in neuerer Zeit ganz von dem einen Gedanken erfüllt: „Die Erneuerung des Christenthums muß aus dem weltlichen Culturleben hervorwachsen." Auf diesen Satz reducirt sich für ihn das gesammte Christenthum. Unsere Leser mögen erwägen, wo das Streben nach menschlicher Ehre wohl am meisten hervortritt, — auf Seiten einer Kirche, welche noch heute wegen ihrer Treue gegen die Lehre Jesu den Haß der Welt trägt, oder bei diesen servilen Schmeichlern des Weltgeistes. Wenn wir Menschengunst suchten, dann würden wir das Evangelium Christi an die Tagesmeinungen verrathen; dann würde uns bald so viel Menschenehre zu Theil werden, daß man darüber wohl gar manchen der dermaligen Propheten des „weltlichen Culturlebens" bald vergessen würde.

Hierauf betet nun der Heiland für die Apostel und für alle, welche nach ihnen das Wort seines Vaters der Welt verkünden sollten; und das, um was er für sie bittet, steht wieder mit ihrem Lehramte, mit dieser Sendung in innigster Verbindung: Heilige sie in der Wahrheit! dein Wort ist Wahrheit. Die Lehre, welche er vom Vater empfangen und dem Aposto= late übergeben, ist schlechthin die Wahrheit. Darin liegt Alles. In diesem Worte tritt wieder das Grundwesen des Erlösungs= werkes hervor, welches der Lügengeist in unserer Zeit dem Christenthum rauben möchte, nämlich: ein Lehrgebäude der Wahr= heit zu sein. Kaum hat aber der Heiland hieran gedacht, so redet er gleich wieder von der Mission, welche er ihnen in Bezug auf diese Wahrheit übertragen hat! Wie du mich in die Welt gesandt hast, so sende auch ich sie in die Welt. Das ist die große Sendung der Apostel und des Apostolates in der Kirche; das eine überaus feierliche Bestätigung derselben. Wie wäre es möglich, hier nur an die Person der Apostel zu denken! Wie du mich in die Welt gesandt hast, so sende auch ich sie in die Welt; wie du mir dein Wort gegeben hast, um es in der Welt zu verkünden, so gebe ich ihnen dasselbe Wort in derselben Absicht; wie mich die Welt deßwegen haßt, bis sie zum Glauben kommt und dann ihren Haß in Liebe verwandelt, so wird sie euch hassen; und wie ich euch mit diesem Auftrage aussende, so sollt auch ihr wieder andere aussenden mit demselben Auftrage. So ist es in der katholischen Kirche geblieben in ununterbrochener Reihenfolge von den Aposteln bis heute; das ist die Priesterweihe in der katholi= schen Kirche; eine immer fortgehende Erfüllung der Worte: Wie mich der Vater gesandt hat, so sende ich euch. So finden wir überall eine vollendete Einheit und Uebereinstimmung zwischen den Worten Jesu und der Lehre und den Einrichtungen der Kirche.

Er gedenkt aber in diesem hohenpriesterlichen Gebete nicht nur der Sendung, welche er den Aposteln in Bezug auf die Wahrheit gegeben hatte; er gedenkt auch der mit diesem Amte verbundenen Standespflicht; er gedenkt der wesentlichsten Be= dingung, um dieses Amt der Wahrheit zu erfüllen. Deßwegen betet er: Heilige sie in der Wahrheit! Jesus spricht hier zwei wichtige Wahrheiten aus: Erstens, daß die Grundlage, die Quelle aller Heiligung die Wahrheit ist, und zwar seine

Wahrheit, die Wahrheit, welche er verkündet hat und welche die Apostel verkünden sollen; Zweitens, daß die Verkündiger der Wahrheit vor allem nach Heiligkeit streben, heilig werden sollen. Beides ist gleich wichtig. Heilig sein heißt Gott gefällig sein. Man kann also nicht gottgefällig sein ohne Wahrheit. Man kann der ewigen Wahrheit nicht gefallen, ohne jene Wahrheit, die er durch Jesus und die Apostel der Welt gibt. Um dieser ewigen Wahrheit zu gefallen, muß die Wahrheit auch in unserer Seele sein; und jemehr diese Wahrheit unsere Seele ganz durch= bringt, um so gottgefälliger werden wir. Weil aber die Wahr= heit Quelle aller Heiligkeit ist, so folgt daraus, daß der Apostel, der Träger dieser heiligenden Wahrheit, selbst heilig sein muß. Deßhalb mußte der Heiland für seine Apostel in diesem erhabe= nen Augenblicke um nicht Höheres zu bitten, als: heilige sie; heilige diese meine Sendboten in der Wahrheit, welche sie in deinem und in meinem Namen der Welt verkünden sollen!

Weil aber der Geist, der damals in Jesus betete, auch die Kirche leitet, so können wir ohne Bedenken behaupten, daß der Gegenstand dieses feierlichen Gebetes des Heilandes auch die höchste Aufgabe des Concils ist: Heilige sie in der Wahr= heit! Heilige die Hirten und Lehrer deiner Kirche! Ja, wir nehmen nicht den allermindesten Anstand zu behaupten, daß das bevorstehende Concil genau in demselben Maße mächtig in die Zukunft eingreifen wird, als es einen mächtigen Impuls zur Heiligung der Apostel der Kirche und aller, die am Apostolate Antheil nehmen, gewähren wird. Nicht, wie Viele glauben, die Vielheit und Neuheit der Beschlüsse wird über die Bedeutung des Concils für die kommenden Jahrhunderte entscheiden, sondern ihre Zweckmäßigkeit, um das Apostolat zu heiligen; um die Hindernisse zu beseitigen, die dieser Heiligung entgegenstehen; um die Mittel aufzufinden, die sie fördern; um unheilige Miethlinge, welche der feindselige Weltgeist der Kirche aufdringen will, von allen Kirchenstellen fernzuhalten, welche im Namen Jesu ver= waltet werden; um geheiligten Dienern Christi die Aemter der Kirche zu übertragen. Dafür betet Jesus, dafür hat er ins= besondere sein Kreuzesopfer dargebracht: Und für sie heilige ich mich selber, damit auch sie in der Wahrheit ge= heiligt seien. Dafür muß das Concil Sorge tragen, damit es wie Jesus gesinnt sei.

Aber Jesus hat das Apostolat in seiner Kirche nicht ein=
gesetzt zum Besten der Apostel und für sie allein, sondern für
alle Menschen, für die er sein Blut vergießen wollte, damit sie
selig würden. Das Apostolat war nicht das Ziel, sondern nur
ein Mittel. Das Ziel ist die Seele jedes einzelnen Menschen;
die ganze Kirche mit allen ihren Einrichtungen ist für die ein=
zelne Seele da. Jede Christenseele kann mit aller Wahrheit
sagen: So sorgt Jesus für mich in seiner göttlichen Liebe, daß
er die Kirche für mich eingerichtet und in derselben Papst, Bischöfe
und Priester zum Dienste meiner Seele bestimmt hat. Darum
geht Jesus von den Aposteln zu allen Christen über und fährt
fort: Doch nicht für sie bitte ich allein, sondern auch
für die, welche durch ihr Wort an mich glauben wer=
den, damit alle Eins seien, wie du Vater in mir
und ich in dir, damit auch sie in uns Eins seien. In
diesen Worten liegt nun das eigentliche Ziel des ganzen Christen=
thums vor uns [1]). — Dem soll alles dienen, dafür ist alles da,
— Apostolat, Sendung, Gottes Wort, Sakramente, Gottesdienst
u. s. w.: alles das soll die Menschen einen; einen in der Wahr=
heit und der Tugend; einen in der innigsten, festesten Liebe;
einen in Gott selbst, der ewigen Wahrheit, der ewigen Liebe,
der ewigen Glückseligkeit, dem ewigen Leben; einen so, daß alle
Eins sind, wie der Vater im Sohne und der Sohn im Vater.
Die Väter erinnern daran, daß der Heiland bei diesen wunder=
baren Aussprüchen wohl insbesondere an jenes „Brod Gottes"
dachte, von welchem der Apostel sagt: „Ein Brod, Ein Leib sind
wir Viele, wir Alle, die wir von dem einen Brode essen [2]." Sie
sagen, daß, wie der Vater mit dem Sohne in derselben göttlichen
Natur und Wesenheit geeinigt sei, so auch die Apostel und alle
Gläubigen untereinander verbunden würden in der Wesenheit
der menschlichen und göttlichen Natur Christi, welche wir in der

---

1) Man vergleiche damit, um den bis zum äußersten Gegensatz getrie=
benen Abfall von der göttlichen Lehre des Christenthums, der in unsern Tagen
unter dem Scheine des Christenthums auftritt, zu erkennen, wieder die vor=
her citirten Worte: „Die Erneuerung des Christenthums muß aus dem welt=
lichen Culturleben hervorwachsen." Welche geistige Armuth, welche trostlose
Verflachung und Leerheit im Vergleich mit der göttlichen Fülle und Tiefe
der christlichen Wahrheit! — 2) I. Cor. 10, 17.

heiligen Eucharistie empfangen [1]). In der That kann man an
der Beziehung dieser Worte Jesu auf das allerheiligste Altar=
sakrament um so weniger zweifeln, wenn man zugleich bedenkt,
daß er ja unmittelbar vor diesem Gebet das allerheiligste
Altarsakrament eingesetzt hatte, und daß deßhalb seine ganze
Seele noch voll war von dem großen Geheimniß der Liebe,
welches in demselben erfüllt worden war. Die Communion ist
aber nur die Vollendung dieser Einigung, während alle Lehren
und Gnaden der Kirche dasselbe Ziel haben: alle Menschen eins
zu machen in Christus und in Gott.

Diese höchste Bestimmung des Christenthums in dem Gebete
Jesu kann daher auch nur der zweite allgemeine Zweck des
künftigen Concils sein. Es wird alle Mittel und Wege aufsuchen,
welche die Kirche mit Rücksicht auf die Verhältnisse der Gegen=
wart bietet, um dieses Ziel zu erreichen; um die Menschen, wie
sie Einen Ursprung und Eine Bestimmung, wie sie alle Einen
Vater im Himmel haben, wie für alle ein und dasselbe wahr, ein
und dasselbe gut ist, zum wahren Frieden, zur wahren Einheit in
Christus zu führen. Welch ein hohes, glückseliges, menschenfreund=
liches Ziel! Wir können die Wege, welche das Concil hiefür ein=
schlagen wird, nicht näher bezeichnen, da diese vor allem vom
heiligen Geiste ihm werden gezeigt werden; wir können aber
auch in dieser Hinsicht aussprechen, daß das Concil in dem Maße
für die Zukunft segensreich sein wird, als es auch für diesen
zweiten Zweck die besten Mittel finden wird.

Heiligung des Apostolates, Einigung aller Menschen in Gott
und in Jesus — das war der Gegenstand dieses hohen Gebetes
Jesu, welches er im Angesichte des Kreuzes verrichtete; das ist
und bleibt die Bestimmung der Kirche Christi; das ist die Auf=
gabe des nächsten Concils.

Zur Erreichung dieser hohen Aufgabe können aber alle unsere
lieben Leser, deren Herzen gewiß hoch schlagen in dem sehnsüchtigen
Verlangen, daß diese Ziele durch das Concil gefördert werden möchten,
sehr wirksam mitwirken. Die Mittel dazu sind verschieden nach
der Stellung, die uns Christus am Leibe der Kirche angewiesen
hat. Aber zwei Mittel können und sollen wir alle anwenden,

---

1) Cf. Cornel. a Lapid. comm. in Joan. 17, 11.

unsere Heiligung und unser Gebet. Dazu sollen noch diese Schlußworte unsere Leser auffordern. O möchte sich über die ganze Welt ein heiliger Gebetseifer verbreiten! Möchten alle Priester in ihren Gemeinden, alle Väter und Mütter in ihren Familien, alle frommen Lehrer und Lehrerinnen in ihren Schulen, alle Ordensleute in ihren Häusern, alle frommen Christen in ihrem Wirkungskreise mitwirken, um diesen Geist des Gebetes in allen Gemeinden, allen Familien, allen Schulen, allen Ordens= häusern, allen Lebenskreisen täglich anzuregen. O möchte dieser Geist des Gebetes wachsen und wachsen, je näher die Zeit dieser heiligen Versammlung heranrückt und mit der größten Inbrunst fortdauern, wenn die Verhandlungen selbst stattfinden. Möchte die ganze Christenheit dann vereint mit ihrem Hohenpriester Jesus beten: „Heilige deine Priester, damit sie würdige Werkzeuge deiner Absichten werden; vereinige uns Menschen, die wir jetzt so weit von einander getrennt sind, in Einem Glauben und Einer Liebe, damit alle Eins seien, wie du im Vater und der Vater in Dir. Sende aus den Geist der Wahrheit, damit er die Lügen aus unsern Herzen verbanne, und den Geist der Liebe, damit er uns mit der wahren Gottesliebe und Nächstenliebe erfülle. Möchten endlich alle mit diesen Gebeten persönliche Heiligung ver= binden, heilige Communionen aufopfern, heilige Messen anhören, Opfer der Nächstenliebe darbringen; möchten endlich selbst die Kranken auf ihrem Schmerzensbette ihre Leiden mit dem Opfer Jesu vereint für diesen Zweck darbringen. Jesus hat gesagt: „Bittet und ihr werdet empfangen." „Wahrlich, wahrlich, sage ich euch, wenn ihr den Vater in meinem Namen um etwas bitten werdet, so wird er es euch geben[1]." Welches Vertrauen können wir da zu einem Gebete haben, bei welchem wir unser Gebet ganz mit seinem Gebete vereinigen.

---

1) Joh. 16, 24; 23.

Die moderne Tendenz-Wissenschaft.